L'ORIENT

THÉOPHILE GAUTIER

L'ORIENT

TOME SECOND

PARIS

G. CHARPENTIER, ÉDITEUR

13, RUE DE GRENELLE-SAINT-GERMAIN, 13

1882

L'ORIENT

VOYAGES ET VOYAGEURS

MISSIONS ÉVANGÉLIQUES.

RELIGIONS ET SUPERSTITIONS.

On remarque à l'Exposition universelle, non loin de ces constructions élégantes, pittoresques, bizarres, okkels, conacks, kiosques, mosquées, temples égyptiens, palais arabes, qui donnent au jardin une physionomie exotique si attrayante, plusieurs bâtiments de la nudité la plus sévère : c'est la section des missions protestantes évangéliques. D'abord l'on est un peu surpris de voir parmi les prodiges de l'industrie humaine figurer les choses de la religion, étonnement prévu par les missionnaires et auquel ils répondent dans la préface de leur catalogue : « L'homme ébloui, captivé par les merveilleuses richesses de l'Exposition et tenté de se glorifier lui-même, se souviendra peut-être ici que tous les prestiges de la magnificence et toute la grandeur du monde ne sont qu'un pâle rayon de la grandeur de Dieu ! » Ce rappel au spiritualisme au milieu de cet immense épanouissement de la matière a bien, l'on en conviendra, son opportunité. La terre enorgueillie pourrait, en effet, oublier que la lumière lui vient du ciel.

A l'entrée du bâtiment consacré aux missions wesleyennes, un négrillon et une petite négresse d'une douzaine d'années, vêtus d'une blouse quadrillée noir et blanc, débitent des notices et de petits livres. Ce sont des enfants convertis de l'Afrique centrale dont les parents peut-être mangent encore de la chair humaine. Ils n'ont pas l'air de regretter beaucoup leur aimable patrie. Leur large sourire découvre à chaque instant leurs dents blanches et pointues et leurs yeux pétillent d'insouciante gaieté.

La première chose qui frappe les yeux en pénétrant dans la salle, c'est une énorme carte du monde tendue au plafond en guise de velarium. Comme sur ces cartes de France où le baron Dupin marquait d'une teinte plus ou moins foncée les divers départements selon leur degré d'instruction, les religions qui se partagent la terre sont désignées par des nuances spéciales : le rouge désigne la religion catholique, le blanc les différentes sectes protestantes, le jaune la religion grecque, et le vert l'islamisme : le noir est réservé aux cultes idolâtres ou qui ne reconnaissent pas l'unité de Dieu. Chose affligeante, le noir domine. L'Afrique n'est qu'une immense tache d'encre, sauf quelques petites mouchetures de vert, de blanc et de rouge. L'Inde, le Thibet, la Chine, l'Australie, l'Archipel polynésien, à part quelques points disséminés, sont couverts de la teinte sombre. Il en est de même pour l'Amérique du Nord et du Sud : la plaque noire y attriste les vastes terrains

où errent encore les tribus indiennes. Le
rouge et le blanc ne forment le long des côtes qu'une lisière dont la largeur varie et se
proportionne à la marche de la civilisation.
D'après cette carte, les deux tiers du globe
plongent encore dans les ténèbres de l'idolâtrie. Des religions monothéistes, l'islam réunit le plus grand nombre de fidèles ; le ca-
tholicisme vient ensuite, la religion grecque
se place en troisième, et les communions
protestantes en dernier. Après cela, il faut
dire, pour l'honneur du genre humain, que
la teinte noire s'étend presque toujours sur
des pays sauvages, incultes, entrecoupés de
vastes solitudes, où les habitants sont très-
disséminés et en fort petit nombre pour l'espace qu'ils occupent sur la mappemonde. Il
est vrai qu'en revanche l'Inde et la Chine
sont extrêmement peuplées ; mais, quoique
cela soit exact au point de vue strictement
orthodoxe, nous avons quelque peine à ranger les brahmanistes et les bouddhistes dans
la même catégorie que les papous de la Po-
lynésie adorant une bûche enjolivée de co-

quilles, de dents de squale et de plumes d'oiseaux. Il y a idolâtrie et idolâtrie, comme il y a fagots et fagots. En dehors de la révélation, la conception indienne de la Divinité est une des plus belles qu'ait pu atteindre l'homme réduit à ses propres forces. — Une idolâtrie de cette sorte méritait au moins les honneurs du gris foncé.

Rien de plus étrange que le spectacle dont les yeux sont frappés dans cette vaste salle qu'on pourrait appeler le panthéon de la sauvagerie. Là se trouvent les idoles, les manitous, les grigris, les amulettes, tout le difforme musée de la superstition rapporté des contrées les plus barbares, les plus inconnues, les plus extravagantes par les missions wesleyennes. On est effrayé quand on songe aux affreux déserts, aux marécages pestilentiels, aux forêts obstruées de lianes et peuplées de bêtes fauves, aux îles innommées émergées à peine du fond des ondes qu'ont dû parcourir à travers mille dangers, avec des fatigues accablantes, loin de toute relation humaine, ces intrépides pionniers de

1.

l'Évangile, ces *trappeurs* de la civilisation. Quel courage il faut pour affronter ces périls lointains, ces privations incessantes, la faim, la soif, la misère, ces martyres horribles où la stupidité du sauvage devient ingénieuse et raffinée comme la cruauté des proconsuls romains au temps des persécutions! Se sentir seul au milieu de ces noires fourmilières pour lesquelles l'homme n'est qu'un gibier, n'ayant d'autre arme que la parole de Dieu traduite dans des langues qui ressemblent à des grommèlements de bêtes, à trois ou quatre mille lieues de sa patrie, sans aide, sans secours possibles, quelle atroce situation et quelle force d'âme est nécessaire pour la subir et pour l'aller chercher! car ces pasteurs auraient pu rester en Europe, dans quelque riant presbytère aux murs de brique, égayé de palissades d'églantiers, et débiter tranquillement leurs sermons du dimanche à un honnête auditoire de mœurs paisibles et douces.

Derrière les vitrines, on distingue toutes sortes d'ustensiles barbares et farouches; la

corps, il se peint le visage de couleurs vives,
bleu, écarlate, vert, jaune, pour être plus
beau. En dehors de lui, il a une espèce de
grossier idéal qu'il essaye d'atteindre. En
outre, il fume, il s'enivre de mixtures capi-
teuses pour sortir de la vie réelle ; il se fait,
comme eût dit Baudelaire, un paradis arti-
ficiel, et comme il sent confusément qu'un
grand mystère l'entoure, il invente des dieux
informes qu'il taille péniblement dans le bois
ou la pierre, joignant au sentiment religieux
le sentiment de l'art.

Il y a dans ce pandémonium sauvage un
dieu de la guerre qui est bien le plus étrange
fantoche qu'on puisse imaginer. Ce Mars polynésien est entièrement couvert de petites
plumes rouges de perroquet. Ses yeux sont
figurés par une plaque de nacre où un bou-
ton représente la prunelle. Sa bouche effroya-
blement fendue découvre une double rangée
de dents de requin acérées comme des dents
de scie. Quant au nez, il faut renoncer à le
décrire. On n'en trouverait un semblable
que dans les dessins des songes drôlatiques de

maître Alcofribas Nasier. Une autre idole, sorte de bûche grossièrement ébauchée, à la fois risible et monstrueuse, a quitté le temple qu'elle habitait pour venir dans une cuisine faire l'office de billot. On hache des épinards sur la tête du fétiche auquel jadis on sacrifiait des victimes humaines. L'art n'a rien à regretter dans cet avilissement du dieu tombé.

La déesse Dourga, avec son collier de crânes, son corps peint en bleu, foulant aux pieds son époux Shiva, est passablement effroyable; mais quelle charmante statuette que celle de ce jeune dieu indien presque beau comme un dieu grec, qui joue mélancoliquement de la flûte, une jambe repliée sur l'autre dans une pose de Faune antique! Dans les vitrines on voit des figurines de terre cuite colorée, représentant les pénitences des Richis et des Mounis et la procession du char de Jaggernath, sous les roues duquel se précipitent et se font écraser les pèlerins fanatiques. Sur les étagères grimacent les dieux Poussahs de la Chine avec leur air enfantin et sénile, leurs yeux bridés et leur sourire équivoque ; mais ce n'est là que le côté amusant de cette exhibition qui défie les plus riches magasins de curiosités. On y voit toute une bibliographie pieuse des plus singulières : la Bible et l'Évangile y figurent traduits en patois cannibales. Au point de vue de la linguistique, les missions wesleyennes ont rendu des services importants : elles ont révélé et fixé les idiomes inconnus de ces peuplades dispersées dans les déserts des continents et les innombrables archipels du monde polynésien. Les noms mêmes de ces langues ont des physionomies bizarres et farouches et l'on croit y entendre les vagissements de l'homme primitif.

Ce n'est pas seulement chez les idolâtres et les anthropophages que les missionnaires wesleyens font de la propagande. Ils cherchent à ramener les juifs au christianisme. De l'ancien Testament au Nouveau, la route est moins longue, mais les israélites tiennent à leur vieille foi, et il faut, pour les conquérir, une grande ardeur de prosélytisme. Un bâtiment voisin de celui que nous venons de décrire, et dont la forme rappelle un peu l'aspect des synagogues, renferme de nombreuses vues de Jérusalem pittoresques et topographiques ; des modèles de l'église du Saint-Sépulcre, du jardin des Oliviers, du Golgotha et des lieux illustrés par la Passion de Notre-Seigneur y sont exposés. On y remarque aussi un plan en relief de Jérusalem et une représentation très-exacte de l'arche sainte, de la mer d'airain, de l'autel des sacrifices, animée de figurines représentant les prêtres et les lévites dans l'exercice de leurs fonctions. Une nombreuse collection de bibles hébraïques n'est pas la moindre curiosité de cette salle, où l'on nous a montré une copie du Pentateuque de Moïse, écrite sur cinq peaux de mouton cousues ensemble, et achetée aux derniers colons juifs à K'ae-fung-foo, province de Honan, en Chine.

Non loin de là s'élève le kiosque où se trouvent les publications anglaises suivantes : le *British Workman*, le *Band of Hope Review*, le *Children's Friend*, l'*Infant Magazine*, le

Tract Repository, l'*English Monthly Tract Society* de Londres, feuilles populaires illustrées, destinées à répandre les bonnes doctrines. Ces journaux se tirent à des centaines de mille d'exemplaires.

Terminons par la salle évangélique. La description n'en sera pas bien longue, car elle n'offre aux yeux que quatre murailles nues, avec une chaire ou une tribune au fond. On y célèbre, chaque dimanche, le service religieux en français, en anglais, en allemand et aussi en hollandais, danois, suédois, espagnol et portugais. Dans cette réunion de tous les peuples, le culte se fait cosmopolite et parle toutes les langues.

ACROBATES INDIENS

Pourquoi ne pas avouer notre plaisir? Nous avons passé cette semaine, au cirque d'Hiver, une soirée délicieuse. Au cirque ! diront les esprits sérieux ; vous voilà bien avec votre goût pour les athlètes, les funambules, les équilibristes, les écuyers, les écuyères, les clowns, et les montreurs de bêtes savantes. Vous ne vous dérangeriez pas s'il s'agissait d'une tragédie ou d'un drame philosophique ? Cela est bien possible, surtout si le ciel, consulté à travers la vitre, nous montrait une lune jaune roulant sur les nuages noirs comme la tête de mort d'Yorick sur les mottes de terre du cimetière d'Elseneur, si l'aigre et maussade bise de novembre bougonnait dans le squelette des arbres faisant mieux apprécier la douce chaleur de la chambre où s'allonge

le rouge reflet du foyer. Nous serions peut-
être pris d'une invincible paresse et nous
chercherions une excuse pour notre conscience dans le célèbre paradoxe de Lireux :
« Rien ne gêne l'impartialité du critique
comme d'avoir vu la pièce. » Mais les noms
de Ramjar et de Samjo, avec leur timbre
exotique, tintaient nostalgiquement à nos
oreilles et bruissaient comme les sonnettes
d'or aux chevilles de Vasantasena, emmenant
notre imagination vagabonde au bord du
Gange ou de l'Hoogly, là-bas où les escaliers
de marbre blanc descendent aux piscines
sacrées, où les pagodes alourdissent leurs
dômes comme de gigantesques ruches d'a-
beilles. Le nom de Pereira nous troublait
aussi, l'accompagnant dans notre rêverie
d'un frisson de tambours de basque et d'un
cliquetis de castagnettes. Nous sommes un
peu comme l'Hassan de *Namouna* qui, « toute
sa vie, aima les Espagnoles, » le moindre
frou-frou de basquine nous attire et voilà
pourquoi, l'autre soir, nous étions au cirque
au lieu d'assister à la reprise de la *Famille*

Benoîton, malgré un froid assez piquant ; mais cela réchauffe d'aller en Espagne et dans l'Inde.

Une corde lâche, fixée à deux chevalets, traversait le cirque, et du cintre tombait un trapèze. De la porte qui sert de coulisse aux chevaux, une svelte figure, dont un maillot blanc rosé dessinait les formes gracieuses, s'élança avec une prestesse sans brusquerie et s'éleva, comme si les lois de la pesanteur n'étaient pas faites pour elle, jusqu'à la frêle escarpolette et s'établit sur ce piédestal oscillant dans l'attitude d'une déesse sur son autel. La lumière du lustre l'enveloppait comme les rayons d'un Olympe ou d'une apothéose mythologique. Elle se tenait debout, fière et charmante, à cette hauteur vertigineuse, avec l'aisance d'une allégorie habituée à nager dans l'azur des fresques et des coupoles. Sa beauté gagnait à ce plafonnement l'imprévu de lignes et la grâce inattendue qui caractérisent Tripolo ou Goya dans leurs peintures décoratives. Des grappes de cheveux demi-courts, d'un noir luisant, où scintillaient quelques lueurs de paillon faisaient valoir la fraîcheur ardente de sa joue fardée. Mais la voilà qui se lance dans le vide comme si elle avait des ailes ; son joli corps aérien semble planer un instant ; puis du bout de son pied mignon — un pied espagnol, c'est tout dire — la charmante gymnaste se rattrape à la barre du trapèze, s'y suspend, s'y balance, les bras flottants, le col se rengorgeant comme celui d'un oiseau, la tête renversée et souriante.

A la voir suspendue ainsi, les vers de Gœthe, où Bettina, cette petite faiseuse de tours vénitienne pour laquelle il eut sinon une passion, du moins un vif caprice, nous revenaient involontairement en mémoire : « Ne tourne pas ainsi, gentille enfant, tes petites jambes vers le ciel, Jupiter te regarde, le drôle, et Ganymède est inquiet. » Mais bientôt elle remonte en faisant passer son corps entre ses bras avec une force et une souplesse étonnantes, car il y a des nerfs d'acier sous ces formes délicatement féminines, elle tourne autour du tremblant appui comme une roue

sur son axe, avec une éblouissante rapidité ;
elle s'y rattache par le pli du jarret, par la
cambrure de sa nuque attrayante et gracieuse, serrant tous les cœurs d'une voluptueuse angoise et les rassurant par l'aisance,
la précision et la certitude de son travail.

Il faut bien redescendre sur la terre. Le
moyen qu'emploie pour revenir parmi nous
la gymnaste intrépide est de la plus originale
hardiesse. On approche d'elle une corde ; elle
lui imprime du pied un mouvement de ro-
tation et se laisse glisser lentement le long
de cette spirale, qu'elle maintient avec une
incroyable adresse, le corps penché en avant,
les bras tendus, une jambe relevée en arrière,
dans la pose de ces génies debout sur la
pointe de l'orteil, au sommet d'une colonne,
comme les Victoires, les Fortunes et les Li-
bertés.

Quand la Pereira se fut retirée, suivie des
applaudissements de toute la salle, Ramjar
et Samjo, les deux frères, nous dit-on, firent
leur entrée avec cette dignité simple particulière aux peuples orientaux. Ils saluèrent,

inclinant légèrement la tête et portant la main de leur poitrine à leur front. Ils étaient coiffés de turbans coniques renflés à la base par de nombreux enroulements de mousseline qui encadraient leurs longs cheveux d'un noir de jais. Dans ces visages jeunes, réguliers et presque féminins par la douceur, d'une couleur indéfinissable entre le cuir de Cordoue et le bronze florentin, s'épanouissaient comme deux mystérieuses fleurs noires, de grands yeux pleins de langueur et de mélancolie. Leur costume consistait en une sorte de pourpoint de damas vert, avec les grègues pareilles et un maillot rouge pour le plus jeune, et pour le plus âgé en un vêtement de même coupe, mais entièrement rouge.

Les Indous, même ceux dont le métier est de faire des tours de force, n'ont pas l'apparence athlétique. On ne voit pas sur leurs bras élégants, et un peu minces comme ceux des adolescents, ces biceps et ces nodosités de muscles dont se glorifient les hercules. Ils sont grands, sveltes, délicatement proportionnés.

Semblables aux statues grecques primitives d'Égine ou de Sicyone, leurs guerriers et leurs héros légendaires, sur les miniatures des manuscrits, sur les peintures vernissées des coffrets et des miroirs, ont presque l'air de femmes. Tels l'art les représente, tels ils sont dans la nature, et les Indiens du cirque offrent tous les traits caractéristiques du type, qui n'a pas varié que l'on sache depuis la trouée faite par les batailles d'Alexandre dans cette terre immémoriale et profonde.

Nous aurions désiré retrouver, pour régler les exercices de Ramjar et de Samjo, le naïf orchestre indou qui, jadis, accompagnait Amani la Bibiaderi de la pagode de Tendidini-Pouroum ; ces musiciens, d'une irrécusable authenticité, s'appelaient : Ramalingam, Savaranim, Deveneyagorn, des noms qui semblaient pris, dans leur harmonieuse longueur, au Ramayana ou au Mahabaratha. Ils jouaient de la flûte de bambou et du tambour en papier de riz. Qui sait où sont allés ces pauvres diables ? Dans le nombril de Bouddha, sans doute, et, s'ils vivent encore, ils doivent ressembler à ces figurines en terre cuite, aux cheveux et aux sourcils blancs, représentant des *Mounis* ou des *Richis* faisant pénitence, car il y a bien longtemps de cela, et nous sommes peut-être le seul à qui soit resté le souvenir de ces noms exotiquement bizarres. Mais il fallait cependant se contenter de la grosse musique du cirque avec sa fanfare éternelle et ses éclats de cuivre.

Cependant, le plus jeune des deux frères gravissait nonchalamment l'échelle qui mène aux chevalets de la corde. Ses mouvements sont lents et doux. Il se place sans bravade à son poste périlleux, et ne tend pas la semelle au classique blanc d'Espagne, car il n'a d'autre chaussure que le pied tricoté de son maillot. On lui tend son balancier, et le voilà parti, d'un pas d'ombre, glissé, surnaturel, s'allongeant et se refermant sans lever le pied. Rien de plus étrange et de plus fantastique que cette progression silencieuse, immobile pour ainsi dire. C'est ainsi que doivent marcher les apparitions.

Arrivé au milieu de la corde, dont la

courbe se creuse à peine sous son poids si
léger, l'acrobate se livre à des exercices d'une
difficulté inouïe; il lui imprime un mouvement d'oscillation de plus en plus rapide,
que les jambes suivent seules, agitées sous
le torse maintenu impassible par un miracle
d'équilibre. On ne saurait imaginer rien de
plus souple, de plus moelleux, de plus élas-
tique. Tout cela est fait avec un sérieux profond, une gravité sans égale, et l'on devine
dans ces poses solennelles, dans ces démar-
ches rhythmées, comme par un chœur invisible, dans ces génuflexions, tantôt sur un
genou, tantôt sur l'autre, des souvenirs de
rites très-anciens et de danses sacrées exécu-
tées autrefois pendant les cérémonies religieuses à des époques si reculées que l'histoire n'y atteint pas.

Il était difficile de ne pas trouver quelque
chose d'hiératique à cette procession à travers l'air d'un personnage qui semble échappé
d'un bas-relief de la pagode souterraine
d'Éléphanta ou des illustrations de l'Inde
par le prince A. Soltykoff, si la première

comparaison vous paraît trop majestueuse et trop sacerdotale pour un simple funambule venu de Calcutta à Birmingham et de Birmingham à Paris pour chercher fortune. Oui, Porus assis sur un trône d'or, d'ivoire et de perles a dû voir du seuil de son palais une danse identique exécutée par un individu exactement pareil, car rien ne change dans cette Inde si ancienne, si vénérable et si mystérieuse qui, dès le commencement, renfermait d'avance toutes les civilisations, toutes les religions, tous les systèmes, tous les arts, toutes les poésies dans son panthéisme effréné.

Le frère vert descendu, le frère rouge monta à son tour. Sa démarche semblait embarrassée, lui si souple et si alerte. Il avait des *pédieux* comme un chevalier du moyen âge, ou du moins nous le pensions ; mais ce n'était pas cela : pour rendre les exercices plus difficiles, il avait adapté à chacun de ses pieds une corne de buffle rattachée à la jambe par un lacis de cordelettes, ce qui lui donnait, avec son pantalon rouge et sa physionomie basanée l'air d'un diable armé de griffes gigantesques.

Ne portant que sur la pointe de ses deux cornes, l'Indien traversa l'arène du cirque à trente pieds de hauteur, sur une corde lâche cédant à la moindre pression, à travers l'éblouissement des lustres et la rumeur du public, et arriva heureusement au but.

Piqué d'amour-propre, le jeune frère se fit empiler sur la tête six jarres de terre à rafraîchir et refit, ainsi empêché, avec la même aisance que s'il n'y avait nul obstacle, tous les exercices qu'il avait accomplis librement.

La nuit nous fîmes les songes les plus bizarres, nous rêvâmes que nous nous promenions dans les rues de Lahore sur un éléphant bleu, dont les flancs trop larges emportaient les cabinets de treillis dorés appliqués aux murailles ; mais nous ne nous inquiétions nullement de ce détail. Ramjar et Samjo nous précédaient en péons et, se laissant glisser du haut d'une pagode le long de sa corde en spirale, la Pereira, dans la pose du *Mercure* de Jean de Bologne, nous offrait un numéro de la *Gazette de Paris* parue d'assez bonne heure pour être lue le même jour dans tous les kiosques de Lahore.

LES BAYADÈRES

Le seul mot de bayadère éveille dans les cerveaux les plus prosaïques et les plus bourgeois une idée de soleil, de parfum et de beauté : à ce nom doux comme une musique, les philistins eux-mêmes commencent à sauter sur un pied et à chanter *Tirely*, comme le Berlinois de Henri Heine ; l'imagination se met en travail, l'on rêve de pagodes découpées à jour, d'idoles monstrueuses de jade ou de porphyre, de viviers transparents aux rampes de marbre, de chauderies au toit de bambou, de palanquins enveloppés de moustiquaires et d'éléphants blancs chargés de tours vermeilles ; l'on sent comme une espèce d'éblouissement lumineux, et l'on voit passer à travers la blonde fumée des cassolettes les étranges silhouettes de l'Orient.

Les jambes fluettes de mademoiselle Taglioni soulevant des nuages de mousseline vous reviennent aussi en mémoire, et les nuances roses de son maillot vous jettent dans des rêves de même couleur. La bayadère trèspeu hindoue de l'Opéra se mêle malgré vous à la devadasi de Pondichéry ou de Chandernagor.

Jusqu'à présent les bayadères étaient restées pour nous aussi mystérieusement poétiques que les houris du ciel de Mahomet. C'était quelque chose de lointain, de splendide, de féerique et de charmant, que l'on se figurait d'une manière vague dans un tourbillon de soleil, où étincelaient tour à tour des yeux noirs et des pierreries. Les récits des voyageurs, toujours occupés de la recherche d'un insecte ou d'un caillou, ne nous avaient donné que des notions fort insuffisantes à leur endroit, et, à l'exception de la ravissante histoire de Mamia, racontée par Hummer, nous ne savions rien sur les danseuses de l'Inde, pas même leur nom ; car le mot bayadère est portugais : elles s'appellent

en réalité Devadasis (favorisées de Dieu).
Cette dénomination leur vient d'une fable de
la mythologie hindoue, qui a fait le sujet du
Dieu et la Bayadère.

Cette poésie parfumée, qui n'existait pour
nous qu'à l'état de rêve, comme toutes les
poésies, on nous l'a apportée, à nous autres
paresseux Parisiens qui ne pouvons quitter
le ruisseau de la rue Saint-Honoré, et pour
qui le monde finit à la banlieue. L'Inde,
voyant bien que nous n'irions pas à elle, est
venue à nous, comme le prophète qui prit le
parti de marcher lui-même vers la montagne
qui ne marchait pas vers lui. Car l'Inde,
toute sauvage, toute lointaine qu'elle est, ne
peut se passer de l'opinion de Paris. Il faut
que Paris dise ce qu'il pense de ses devadasis; l'Inde veut savoir quel effet produiraient,
à côté des sœurs Elssler et des sœurs Noblet,
Amani, Saoundiroun et Ramgoun, les danseuses prêtresses.

A défaut de l'Hoogly ou du Gange, le
fleuve sacré, les devadasis ont établi leur bun-
galow à quelques pas de la Seine, allée des

Veuves, dans une maison entourée de verdure, et qui représente tant bien que mal une chaumière indienne ; frappez à ces barreaux peints en vert, et garnis intérieurement de volets pour intercepter les regards curieux. C'est là : un invalide, de garde à la porte, vous fera aisément reconnaître la maison mystérieuse. L'invalide n'est pas une précaution inutile, car il paraît que l'on a déjà tenté d'enlever ces beautés exotiques, et que des amateurs trop fervents de danses orientales escaladent les murailles du jardin.

Après avoir bien constaté notre identité à travers le guichet, on nous fit entrer dans une salle basse, dont le fond était fermé par une porte à larges battants : une vague odeur de parfums d'Orient remplissait la maison ; des allumettes aromatiques au benjoin et à l'ambre se consumaient lentement dans un coin de la chambre, et derrière la porte on entendait babiller les clochettes aux pieds des danseuses.

Nous n'étions séparé d'un des rêves de notre vie, d'une de nos dernières illusions poétiques, que par une simple porte, et nous éprouvions une singulière émotion, mêlée d'attente et d'anxiété; au signe du maître, les battants s'ouvrirent, et la troupe, composée de cinq femmes et de trois hommes, s'avança vers nous et nous fit le sélam, à quoi nous répondîmes de notre mieux par un salut parisien.

Le sélam consiste à pencher la tête jusqu'aux pieds en tenant les mains près des oreilles, puis on se relève, et l'on fait voir alternativement le blanc et le noir des yeux, tout cela accompagné d'un petit frétillement impossible à décrire.

Ce salut a ce cachet de grâce humble et fière particulier aux Orientaux, et il l'emporte sur le nôtre comme les oranges sur les pommes et le soleil sur le gaz.

Hâtons-nous de constater, avant de passer à la description des bayadères et de leurs danses, qu'elles sont charmantes, d'une authenticité irrécusable, quoi qu'en aient pu dire les petits journaux, et qu'elles ont parfaitement réalisé l'idée que nous nous en formions;

nous avons été très-flatté de la justesse de notre intuition, car dans un roman de nous intitulé *Fortunio*, que vous ne connaissez probablement pas, quoiqu'il ait paru, ou peut-être parce qu'il a paru (excellent moyen d'incognito), nous avons introduit plusieurs figures hindoues qui se trouvent de la plus grande exactitude et d'une ressemblance telle, qu'après avoir vu les véritables devadasis, nous n'aurions pas un mot à changer. Cet hommage rendu à notre perspicacité instinctive, revenons à nos bayadères.

Nous commencerons par Amani, la plus belle et la plus grande de la troupe.

Amani peut avoir dix-huit ans ; sa peau ressemble, pour la couleur, à un bronze florentin ; une nuance olivâtre et dorée à la fois, très-chaude et très-douce, qui n'a aucun rapport avec le noir des nègres et le brun des mulâtres ; une nuance fauve comme l'or, et qui rappelle certains tons du pelage des biches ou des panthères ; au toucher, cette peau est plus soyeuse qu'un papier de riz et plus froide que le ventre d'un lézard. Amani a les cheveux d'un noir bleuâtre, longs, fins et souples comme les cheveux d'une brune d'Europe ; ses mains et ses pieds sont d'une petitesse et d'une distinction extrêmes ; la cheville est mince, dégagée, l'orteil séparé des autres doigts, en pied d'alouette, comme dans les anciennes statues grecques ; les flancs, le ventre, les reins pourraient lutter, pour la délicatesse et l'élégance, avec ce que l'art antique nous a laissé de plus parfait ; les bras sont charmants, d'une rondeur et d'une sveltesse sans pareilles ; toute l'habitude du corps annonce une force et une pureté de sang inconnues dans notre civilisation, où le mélange des classes efface et rend frustes toutes les physionomies.

La tête est ovale avec un front bien proportionné, un nez droit, un menton relevé, des pommettes peu saillantes, un visage de jolie femme française ; la seule différence consiste dans la bouche, petite il est vrai, mais un peu plus épanouie qu'une bouche européenne, à qui ses gencives teintes en bleu, et ses dents séparées par des traits noirs, donnent un caractère asiatique et sauvage ; pour les yeux, ils sont d'une beauté et d'un brillant incomparables. On dirait deux soleils de jais roulant sur des cieux de cristal : c'est une transparence, une limpidité, un éclat onctueux et velouté, une langueur extatique et voluptueuse dont on ne peut se faire une idée. Toute la vie de la figure semble s'être réfugiée dans ces yeux miraculeux ; le reste de la face est immobile comme un masque de bronze : un vague sourire entr'ouvre seulement un peu les lèvres, et fait respirer toute cette quiétude. La toilette d'Amani est bizarre et charmante comme sa personne : une ligne jaune, tracée au pinceau et renouvelée tous les jours, s'étend sur son front, de la raie des cheveux à la jonction des sourcils ; sa chevelure, séparée en bandeaux et nattée à la mode des Suissesses, fait ressortir, par son noir vigoureux, l'éclat papillotant du clinquant et des verroteries dont elle est ornée ; une calotte de cuivre, sur laquelle est ciselée une couleuvre, occupe au sommet de la tête la place où nos femmes attachent leurs chignons ;

cette calotte est maintenue par un cordon qui aboutit à un cercle transversal ; les tresses sont entremêlées de filets d'or et de houppes de soie. L'on ne peut rien voir de plus étrangement gracieux et de plus coquettement sauvage que cette coiffure.

D'énormes pendeloques, bizarrement travaillées, scintillent et frissonnent au bout des oreilles percées de trous démesurés, où l'on pourrait faire entrer le pouce. Le lobe supérieur est aussi criblé d'ouvertures remplies par de petites chevilles de bois, pour les empêcher de se refermer.

De plus, ce qui contrarie un peu nos idées en matière d'élégance, la narine gauche percée, ainsi que la cloison nasale, donne passage à un anneau d'argent enrichi de pierreries, qui retombe sur la lèvre supérieure. Au premier abord, cet ornement semble d'un goût barbare ; mais l'on s'y accoutume bien vite, et l'on finit par y trouver une grâce dépravée et piquante : au milieu de ces figures histrées, cet anneau écaillé de vives paillettes de lumière produit un bon effet, il éclaire la physionomie et tempère un peu l'éclat diamanté du regard, qui, sans cela, tournerait peut-être au farouche, en ressortant avec trop de vivacité d'une face uniformément sombre.

Cinq ou six rangs de filigranes d'or entourent le col d'Amani ; deux ou trois cercles de cuivre jouent autour de ses poignets ; le haut du bras est serré par une espèce de bracelet en forme de V renversé, qui comprime les chairs assez fortement ; de grands anneaux résonnent au-dessus de ses chevilles et accompagnent chacun de ses mouvements d'un bruissement métallique. En outre, des bagues d'argent scintillent aux doigts de ses pieds ; car c'est aux pieds que les Indiennes portent leurs bagues. Les mains d'Amani sont zébrées de tatouages noirs exécutés avec beaucoup de délicatesse, qui montent jusqu'à la moitié de l'avant-bras, et ressemblent, à s'y méprendre, à des mitaines de filet.

Un large pantalon à l'orientale, retenu au-dessus des hanches par une courroie de

cuir vigoureusement sanglée, descend à
grands plis jusqu'aux chevilles ; une petite
brassière à manches très-courtes enferme et
contient la gorge : cette brassière est fort
jolie ; les paillettes, les clinquants, les verroteries, les agréments d'or et d'argent, forment les arabesques les plus capricieuses et
les plus élégantes. A propos de ceci, remar-
quons que les nations que nous regardons
comme barbares font preuve d'un goût exquis
dans tous leurs ornements, et que les plus
habiles passementiers de Paris restent bien
loin des bourses, des blagues à tabac, des
portefeuilles, des éventails et autres môme-
ries que l'on rapporte du Levant, et qui sont
faites à la main par de pauvres diables ron-
gés de vermine et roués de coups.

Entre cette brassière et le pantalon, il
reste un assez grand espace entièrement nu,
et qui n'est pas le moins paré. On ne saurait
rien voir de plus charmant que cette peau
blonde et dorée, si lisse et si tendue qu'on
la prendrait pour un corset de satin, et sur
laquelle la lumière joue et frissonne en lui-

sants bleuâtres. La chemise, il faut l'avouer, est un meuble inconnu aux bayadères.

Une grande écharpe d'étoffe bariolée, dont les bouts pendent par devant et ballonnent sur le ventre, complète ce costume de la plus piquante originalité.

Saoundiroun et Ramgoun sont habillées exactement de la même manière, à l'exception de l'écharpe, qui est de mousseline blanche brochée d'or. Saoundiroun et Ramgoun sont âgées d'environ quatorze ans ; elles portent au cou un petit bijou d'or, comme fiancées à la pagode. Saoundiroun est la plus jolie des deux, du moins dans nos idées européennes ; leur vivacité pétulante et l'éclat joyeux de leur sourire contraste avec l'air de résignation plaintive d'Amani, qui a l'air d'une statue de la Mélancolie personnifiée. Tillé, qui est l'ancienne de la troupe, n'a pas beaucoup plus de trente ans ; elle en paraît bien avoir cinquante. Quant à Veydoun, elle a six ans : figurez-vous l'amour teint en noir ; c'est le plus charmant, le plus espiègle et le plus éveillé diablotin du monde.

Les hommes sont d'une grande beauté ;
ils ont des yeux noirs étincelants, des nez de
coupe aquiline, de petites moustaches, et,
pour tout vêtement, un pantalon retenu par
une coulisse, comme les grègues turques ;
leur coiffure consiste en un morceau d'étoffe
rayée, gracieusement roulé autour de la tête ;
au milieu du front reluit une petite tache
d'un jaune vif, et grande comme un pain à
cacheter ; leur torse ressemble, pour la
finesse et la pureté des formes, au danseur
napolitain de Duret : c'est, du reste, la même
couleur, un beau ton de bronze neuf uni et
chaud. L'un d'eux, Ramalingam, porte une
barbe blanche de l'effet le plus pittoresque
sur sa figure noire ; on dirait un vieillard
homérique, quoiqu'il prétende n'avoir que
quarante-deux ans. Ramalingam a trois bar-
res blanches au-dessus des yeux, trois autres
sur le flanc, ainsi que sur les bras : c'est le
rapsode de la troupe ; c'est lui qui psalmodie
le chant qu'exécutent Saoundiroun et Ramgoun, à peu près comme dans ces jeux antiques, où un acteur récitait les paroles

tandis qu'un autre faisait les gestes. Le poëte Ramalingam n'a pour lyre que deux petites cymbales d'airain assez semblables à des castagnettes, qu'il frappe l'une contre l'autre pour marquer la mesure. Cette musique, tout à fait primitive, est soutenue par le chalumeau de Savaranim et le *tam* de Deveneyagorn ; cette flûte, composée d'un morceau de bambou, est jointe avec de la cire comme la flûte d'un berger arcadien, et rien ne vous empêche de prendre Savaranim pour un des pasteurs de Théocrite. Il y a six trous à cette flûte ; mais ils sont bouchés, nous ne savons pas pourquoi, de sorte qu'elle ne donne qu'une seule note, ce qui restreint beaucoup la mélodie. Le tam de Deveneyagorn est fait de peau de riz tendue fortement ; c'est la forme de notre tambourin ; on en joue avec les doigts, au lieu de se servir de baguettes comme chez nous. Sur le milieu de la peau est tracé un rond noir ; cette couleur est fabriquée avec du riz brûlé, et se renouvelle comme le blanc d'une buffleterie ou le bleu d'une queue de billard.

Voilà pour l'orchestre ; c'est tout ce que l'on peut rêver de plus simple, de plus patriarcal et de plus antédiluvien, de la musique d'enfant, le *lullaby* de la nourrice qui cherche à endormir son nourrisson par sa plainte monotone.

Maintenant que nous vous avons fait voir en détail les musiciens et les danseuses, nous allons vous les montrer à l'œuvre.

Ramalingam, debout au fond de la pièce, récite un poëme en frappant sur ses cymbales ; il scande fortement chaque vers, et fait voir ses dents blanches et pointues comme celles d'un chien de Terre-Neuve ; Savaranim souffle imperturbablement la note unique dans son chalumeau ; Deveneyagorn tourmente son tam, et fait aller ses doigts comme s'il jouait du piano. De temps en temps, les trois virtuoses roulent leurs yeux avec des mines extatiques, comme des dilettanti qui entendraient la symphonie en *ut* de Beethoven.

Saoundiroun et Ramgoun dansent, avec une vivacité et une pétulance qui rappellent les mouvements brusques et enjoués des jeunes chamois, un pas qui représente *la toilette du dieu Shiva :* cette danse n'a rien de commun avec la nôtre, et c'est plutôt une pantomime très-accentuée qu'un véritable pas réglé. Nous avons remarqué un certain mouvement de tête, d'avant en arrière, comme d'un oiseau qui se rengorge, qui est on ne peut plus gracieux, et dont l'exécution reste incompréhensible pour nous ; ajoutez à cela des *tours d'yeux* incroyables, qui éteignent les regards français les plus vifs et les œillades espagnoles les mieux dardées ; des ondulations de hanches et des ronds de bras d'une souplesse extraordinaire, et vous aurez un spectacle fort piquant et fort original.

Une chose singulière, c'est le bruit que font sur le plancher les petits pieds nus des bayadères ; on dirait qu'elles dansent une mazurka avec des talons et des éperons d'acier ; au son clair et sec qu'elles produisent en marquant la mesure, on pourrait croire qu'elles sont ferrées.

Elles ont aussi un temps d'arrêt brusque

qui fait tinter toutes leurs verroteries et leurs colliers comme un coup de chapeau chinois.

Au pas de Saoundiroun et de Ramgoun succéda une espèce de *jota aragonesa* exécutée par les quatre danseuses, y compris la vieille Tillé ; Amani y déploya une grâce extrême.

Après la jota, on procéda au pas des colombes.

Le pas des colombes obtiendra un succès fou, un succès d'enthousiasme, un succès pareil à celui de la cachucha ; il suffirait seul pour faire la fortune des danseuses indiennes. Amani se place entre ses deux compagnes Saoundiroun et Ramgoun, et récite avec des gestes et des poses d'une tristesse et d'une volupté profondes une mélancolique complainte d'amour et d'abandon, quelque chose comme le Cantique des cantiques, la romance du Saule, ou le *pantum* de la colombe de Patini ; elle élève et jette en arrière ses bras pâmés qu'elle laisse ensuite retomber languissamment comme des guirlandes de fleurs énervées par la chaleur du jour ; elle fait nager ses belles prunelles brunes dans la moite limpidité de ses grands yeux, en continuant toujours son grasseyant murmure, tout allangui de terminaisons en *a* et de voyelles enfantines. Cependant Ramgoun et Saoundiroun pivotent sur elles-mêmes avec une rapidité effrayante ; quelque chose de blanc scintille et voltige au milieu du tourbillon : c'est une écharpe que les valseuses chiffonnent et tourmentent entre leurs doigts ; la valse effrénée se prolonge, le vieux Ramalingam entre-choque ses cymbales avec un redoublement d'ardeur, le travail avance ; au sein du nuage papillotant vous voyez déjà poindre le bec du pigeon : sa tête se dessine, son corps s'arrondit, ses ailes palpitent ; après le pigeon vient le nid et le palmier avec ses feuilles figurées par les bouillons de l'étoffe. La musique cesse, les valseuses s'arrêtent et viennent vous présenter, un genou en terre, leur gracieux travail.

Ce qu'il y a de plus surprenant, c'est qu'après cette valse délirante, qui dure près d'une demi-heure, les bayadères ne laissent

apercevoir aucun signe de fatigue, leur sein
ne donne pas un battement de plus, leur
front n'est pas trempé de la plus légère moi-
teur. Ces corps de bronze, mis en mouvement
par des nerfs d'acier, sont comme les chevaux de bonne race, qui ne suent jamais.

Après la danse des colombes, la troupe se
retira en laissant derrière elle un doux parfum
d'ambre et de sandal. Les portes se refer-
mèrent, et de la pagode de Pondichéry nous
retombâmes à Paris, allée des Veuves (1).

(1) Cette étude est extraite de *Caprices et Zigzags*,
1 vol. in-12. Hachette et Cⁱᵉ, éditeurs.

LE HACHICH

Depuis longtemps nous entendions parler, sans trop y croire, des merveilleux effets produits par le *hachich*. Nous connaissions déjà les hallucinations que cause l'opium fumé ; mais le hachich ne nous était connu que de nom. Quelques amis orientalistes nous avaient promis plusieurs fois de nous en faire goûter ; mais, soit difficulté de se procurer la précieuse pâte, soit toute autre raison, le projet n'avait pas encore été réalisé. Il l'a été enfin hier, et l'analyse de nos sensations remplacera le compte rendu des pièces qu'on n'a pas jouées.

De tout temps, les Orientaux, à qui leur religion interdit l'usage du vin, ont cherché à satisfaire par diverses préparations ce besoin d'excitation intellectuelle commun à tous les peuples, et que les nations de l'Occident contentent au moyen de spiritueux et de boissons fermentées. Le désir de l'idéal est si fort chez l'homme qu'il tâche autant qu'il est en lui de relâcher les liens qui retiennent l'âme au corps, et comme l'extase n'est pas à la portée de toutes les natures, il boit de la gaieté, il fume de l'oubli et mange de la folie, sous la forme du vin, du tabac et du hachich. — Quel étrange problème ! un peu de liqueur rouge, une bouffée de fumée, une cuillerée d'une pâte verdâtre, et l'âme, cette essence impalpable, est modifiée à l'instant ; les gens graves font mille extravagances, les paroles jaillissent involontairement de la bouche des silencieux, Héraclite rit aux éclats, et Démocrite pleure.

Le hachich est un extrait de la fleur de chanvre (*Cannabis indica*), que l'on fait cuire avec du beurre, des pistaches, des amandes et du miel, de manière à former une espèce de confiture assez ressemblante à la pâte d'abricot, et d'un goût qui n'est pas désagréable. — C'était du hachich que faisait manger le Vieux de la Montagne aux exécuteurs des meurtres qu'il commandait, et c'est de là que vient le mot assassin, — *hachachin* (mangeur de hachich).

La dose d'une cuillerée suffit aux gens qui n'ont pas l'habitude de ce régal de vrai croyant. — L'on arrose le hachich de quelques petites tasses de café sans sucre à la manière arabe, et puis l'on se met à table comme à l'ordinaire, — car l'esprit du chanvre n'agit qu'au bout de quelque temps. — L'un de nos compagnons, le docteur ***, qui a fait de longs voyages en Orient, et qui est un déterminé mangeur de hachich, fut pris le premier, en ayant absorbé une plus forte dose que nous ; il voyait des étoiles dans son assiette, et le firmament au fond de la soupière ; puis il tourna le nez contre le mur, parlant tout seul, riant aux éclats, les yeux illuminés, et dans une jubilation profonde. Jusqu'à la fin du dîner, je me sentis parfaitement calme, bien que les prunelles de mon autre convive commençassent à scintiller étrangement, et à devenir d'un bleu de turquoise tout à fait singulier. Le couvert enlevé, j'allai m'asseoir, ayant encore ma raison, sur le divan, où je m'arrangeai entre des carreaux de Maroc le plus commodément possible pour attendre l'extase. Au bout de quelques minutes, un engourdissement général m'envahit. Il me sembla que mon corps se dissolvait et devenait transparent. Je voyais très-nettement dans ma poitrine le hachich que j'avais mangé sous la forme d'une émeraude d'où s'échappaient des millions de petites étincelles ; les cils de mes yeux s'allongeaient indéfiniment, s'enroulant comme des fils d'or sur de petits rouets d'ivoire qui tournaient tout seuls avec une éblouissante rapidité. Autour de moi, c'étaient des ruissellements et des écroulements de pierreries de toutes couleurs, des arabesques, des ramages sans cesse renouvelés, que je ne saurais mieux comparer qu'aux jeux du kaléidoscope ; je voyais encore mes camarades à certains instants, mais défigurés, moitié hommes, moitié plantes, avec des airs pensifs d'ibis debout sur une patte, d'autruche bat-

tant des ailes si étranges, que je me tordais
de rire dans mon coin, et que, pour m'asso-
cier à la bouffonnerie du spectacle, je me mis
à lancer mes coussins en l'air, les rattrapant
et les faisant tourner avec la dextérité d'un
jongleur indien. L'un de ces messieurs m'a-
dressa en italien un discours que le hachich,
par sa toute-puissance, me transposa en espagnol. Les demandes et les réponses étaient
presque raisonnables, et roulaient sur des
choses indifférentes, des nouvelles de théâtre
ou de littérature.

Le premier accès touchait à sa fin. —Après
quelques minutes, je me retrouvai avec tout
mon sang-froid, sans mal de tête, sans aucun
des symptômes qui accompagnent l'ivresse du
vin, et fort étonné de ce qui venait de se passer. — Une demi-heure s'était à peine écou-
lée que je retombai sous l'empire du hachich.
Cette fois la vision fut plus compliquée et
plus extraordinaire. Dans un air confusément
lumineux, voltigeaient avec un fourmillement
perpétuel des milliards de papillons dont les
ailes bruissaient comme des éventails. De gi-

gantesques fleurs au calice de cristal, d'énormes passeroses, des lis d'or et d'argent montaient et s'épanouissaient autour de moi avec
une crépitation pareille à celle des bouquets
de feux d'artifices. Mon ouïe s'était prodigieusement développée ; j'entendais le bruit
des couleurs. Des sons verts, rouges, bleus,
jaunes, m'arrivaient par ondes parfaitement
distinctes. Un verre renversé, un craque-
ment de fauteuil, un mot prononcé bas, vi-
braient et retentissaient en moi comme des
roulements de tonnerre ; ma propre voix me
semblait si forte que je n'osais parler, de peur
de renverser les murailles ou de me faire
éclater comme une bombe ; plus de cinq
cents pendules me chantaient l'heure de leurs
voix flûtées, cuivrées, argentines. Chaque objet effleuré rendait une note d'harmonica ou
de harpe éolienne. Je nageais dans un océan
de sonorité où flottaient comme des îlots de
lumière quelques motifs de la *Lucia* ou du
Barbier. Jamais béatitude pareille ne m'i-
nonda de ses effluves : j'étais si fondu dans le
vague, si absent de moi-même, si débarrassé

du moi, cet odieux témoin qui vous accompagne partout, que j'ai compris pour la première fois quelle pouvait être l'existence des esprits élémentaires, des anges et des âmes séparées du corps. J'étais comme une éponge au milieu de la mer : à chaque minute, des flots de bonheur me traversaient, entrant et sortant par mes pores, car j'étais devenu perméable, et, jusqu'au moindre vaisseau capillaire, tout mon être s'injectait de la couleur du milieu fantastique où j'étais plongé. Les sons, les parfums, la lumière, m'arrivaient par des multitudes de tuyaux minces comme des cheveux dans lesquels j'entendais siffler les courants magnétiques. — A mon calcul, cet état dura environ trois cents ans, car les sensations s'y succèdent tellement nombreuses et pressées que l'appréciation réelle du temps était impossible. — L'accès passé, je vis qu'il avait duré un quart d'heure.

Ce qu'il y a de particulier dans l'ivresse du hachich, c'est qu'elle n'est pas continue ; elle vous prend et vous quitte, vous monte au ciel et vous remet sur terre sans transition,

— comme dans la folie on a des moments lucides. — Un troisième accès, le dernier et le plus bizarre, termina ma soirée orientale : —dans celui-ci ma vue se dédoubla. — Deux images se réfléchissaient sur ma rétine et produisaient une symétrie complète; mais bientôt, la pâte magique tout à fait digérée agissant avec plus de force sur mon cerveau, je devins complétement fou pendant une heure. Tous les songes pantagruéliques me passèrent par la fantaisie : caprimulges, coquesigrues, oysons bridés, licornes, griffons, cochemares, toute la ménagerie des rêves monstrueux, trottait, sautillait, voletait, glapissait par la chambre ; c'étaient des trompes qui finissaient en feuillages, des mains qui s'ouvraient en nageoires de poisson, des êtres hétéroclites avec des pieds de fauteuil pour jambes, et des cadrans pour prunelles, des nez énormes qui dansaient la cachucha montés sur des pattes de poulet ; moi-même, je me figurais que j'étais le perroquet de la reine de Saba, maîtresse de défunt Salomon. Et j'imitais de mon mieux la voix et les cris de cet honnête volatile. Les visions devinrent si baroques que le désir de les dessiner me prit, et que je fis en moins de cinq minutes, avec une vélocité incroyable, sur des dos de lettres, sur des billets de garde, sur les premiers morceaux de papier qui me tombaient sous les mains, une quinzaine de croquis les plus extravagants du monde. L'un d'eux est le portrait du docteur ***, tel qu'il m'apparaissait, assis au piano, habillé en turc, un soleil dans le dos de sa veste. Les notes sont représentées, s'échappant du clavier, sous forme de fusées et de spirales capricieusement tirebouchonnées. Un autre croquis portant cette légende, — *un animal de l'avenir*, — représente une locomotive vivante avec un cou de cigne terminé par une gueule de serpent d'où jaillissent des flots de fumée, avec des pattes monstrueuses composées de roues et de poulies ; chaque paire de pattes est accompagnée d'une paire d'ailes, et, sur la queue de l'animal, — on voit le Mercure antique qui s'avoue vaincu malgré ses talonnières. Grâce au hachich, j'ai pu faire, d'après nature, le portrait d'un farfadet. Jusqu'à présent, je les entendais seulement geindre et se remuer la nuit dans mon vieux buffet.

Mais voilà bien assez de folies. Pour raconter tout entière une hallucination de hachich, il faudrait un gros volume, et un simple feuilletoniste ne peut se permettre de recommencer l'apocalypse !

La Presse, feuilleton du 10 juillet 1843.

POÉSIE PERSANE

LES QUATRAINS DE KÈYAM (1).

« Avez-vous lu Baruch ? » demandait la Fontaine à tous ceux qu'il rencontrait, après une lecture de ce prophète qui avait vivement frappé son imagination. « Avez-vous lu les quatrains de Kèyam ? » serions-nous tenté de dire, tant ce livre nous préoccupe depuis que nous en avons feuilleté les magnifiques pages, sorties des presses de l'Imprimerie impériale. Et d'abord qu'est-ce que Kèyam ? Il est moins connu en Occident que le biblique Baruch, et nous l'ignorions complétement il y a un mois à peine. Pour ne pas vous faire languir, Kèyam est un poëte persan. En fait

(1) Traduits du persan par M. J.-B. Nicolas, ancien drogman de l'ambassade de France en Perse, consul de France à Rescht.

de poëtes persans, on sait les noms de Fir-
dousi, de Saàdi, de Hafiz, que nous écrivons
à l'européenne ; mais Kèyam n'a pas eu cette
bonne fortune ; il est très-difficile à traduire,
et M. J.-B. Nicolas, malgré sa science profonde des langues orientales, avoue avec une
louable modestie qu'il aurait regardé cette
tâche comme au-dessus de ses forces sans la
gracieuse coopération et les précieux avis de
Hassan-Ali-Kan, ministre plénipotentiaire
de Perse près la cour des Tuileries. Pour la
révision du style et la correction des épreuves, il s'est encore adjoint madame Blanche-
cotte, et l'ouvrage est maintenant aussi parfait
que possible.

Le véritable nom de Kèyam était Omar :
il avait pris par humilité ce surnom, qui signifie en persan « faiseur de tentes », lorsqu'il
aurait pu, comme ses confrères, s'appeler le
Céleste, le Bienheureux, le Lumineux, le
Conservateur. Il naquit près de Néchapour,
dans le Khoraçan, et vint compléter ses études, vers l'an 1042 de l'ère chrétienne, au
célèbre médressch de cette ville, qui avait la

réputation de former de bons élèves. Kèyam s'y lia particulièrement avec Abdul-Kassem et Hassan-Sebbah, dont les caractères paraissaient ne pas s'accorder avec le sien ; mais les contrastes rapprochent et forment les solides amitiés. Un jour il leur demanda s'ils trouveraient puéril de conclure une sorte de pacte en vertu duquel celui des trois amis qui le premier arriverait à la fortune viendrait en aide aux deux autres. Son projet fut adopté avec enthousiasme, et les trois jeunes gens, piqués d'une généreuse émulation, redoublèrent d'ardeur dans leurs travaux et se mirent rapidement en état d'atteindre aux positions les plus élevées.

Kèyam, rêveur et mystique de nature, s'adonnait à la contemplation et inclinait vers la doctrine des soufis ; mais, en même temps que la poésie, il étudiait l'astronomie et l'algèbre, où il fit de rapides progrès. Doué d'un sens plus pratique, Abdul-Kassem apprenait l'histoire, les rouages de l'administration et les secrets de la politique ; il avait l'ambition de devenir un grand homme d'État. Hassan-

Sebbah visait aussi au même but, mais avec un esprit moins noble et moins élevé. Quand les trois amis sortirent du mèdrèssch, ils restèrent quelque temps obscurs, et le premier qui émergea de l'ombre fut Abdul-Kassem. Il se fit connaître avantageusement à la cour d'Alp-Arslan, deuxième roi de la dynastie des Seldjoukides, par divers écrits sur l'administration, et ne tarda pas à devenir le secrétaire particulier de ce monarque, puis sous-secrétaire d'État et enfin sedr-azem (premier ministre). Il déploya des talents si supérieurs qu'il reçut le titre de Nezam-el-Moulk (régulateur de l'empire). En effet, jamais la Perse ne fut plus prospère.

Vers cette époque, les deux amis dont la fortune n'était pas faite vinrent trouver leur ancien compagnon et lui rappelèrent le pacte conclu au mèdrèssch. Abdul-Kassem leur demanda ce qu'ils désiraient. « Accorde-moi, dit Kèyam, les revenus du village qui m'a vu naître. Je n'ai pas d'ambition, et mon bonheur serait de cultiver en paix la poésie et de méditer sur la nature des choses divines. »

Hassan-Sebbah sollicita une place à la cour. Les vœux du poëte et de l'ambitieux furent remplis. Mais bientôt Hassan montra son ingratitude en tâchant de supplanter son bienfaiteur ; ses menées furent déjouées, et, le cœur plein de rage et de haine, il se réfugia dans les montagnes, où tout ce qu'il y avait de natures perverses, audacieuses et mécontentes le rejoignit. Il se créa ainsi une bande redoutable, dont les excès et les brigandages semèrent partout l'épouvante. Hassan avait su provoquer chez ses affiliés des dévouements fanatiques ; ils exécutaient ses ordres avec une passivité d'obéissance extraordinaire, quels qu'ils fussent. On croit que c'est à Hassan qu'il faut rattacher étymologiquement l'ordre des assassins et le mot qui signifie meurtrier dans la pire acception du mot. Les âmes basses éprouvent le besoin de se venger des bienfaits, et un jour Abdul-Kassem, que son maître Alp-Arslan avait légué à son fils Malek-Schah, qui ne sut pas apprécier un pareil trésor et lui retira le turban et l'encrier signes du pouvoir, fut trouvé poignardé sous sa tente par un des sectaires d'Hassan-Sebbah.

Quant à Kèyam, étranger à ces alternatives de guerres, d'intrigues et de révoltes, il vivait tranquille dans son village natal, se livrant avec passion à l'étude de la philosophie des Soufis, les libres penseurs de l'Orient. Entouré d'amis et de disciples, Kèyam cherchait dans le vin cette ivresse extatique qui sépare des choses de la terre et enlève l'âme au sentiment de la réalité. Il se procurait ainsi ce vertige qu'amènent les derviches tourneurs par leurs valses pivotantes où, les bras étendus, la tête renversée, ils semblent s'endormir au milieu de leur fustanelle évasée en cloche ; les derviches hurleurs, par leurs cris forcenés, leurs bonds épileptiques et les coups de couteau dont ils se lardent ; les Hindous, par les effroyables tortures de leurs pénitences ; les mangeurs de hachich et d'opium, par l'ingestion de leurs drogues hallucinantes. Certes, de toutes les manières d'anéantir le corps pour exalter l'esprit, le vin est encore la plus douce, la plus naturelle et, pour ainsi dire, la plus raisonnable. Assis sur la terrasse de sa maison pendant une de ces belles nuits d'été qu'argente la lune et que choisit le rossignol pour conter ses amours à la rose, Kèyam, seul avec quelque belle au teint nuancé des fraîches couleurs de la tulipe et relevé par un de ces grains de beauté si chers aux poëtes persans, vidait la coupe de l'amour et de l'ivresse, ou bien encore, avec des amis qu'abreuvait un infatigable échanson, improvisait des vers qui se rhythmaient aux chants des musiciens.

D'autres fois il s'en allait dans la campagne, déployait un de ces tapis sur lesquels les Orientaux aiment à s'accroupir au bord d'un ruisseau limpide, à l'ombre des platanes ou des cyprès, et il se laissait aller au kief tout en donnant des baisers aux lèvres de la coupe pleine d'un vin couleur de rubis, préférable à tous les joyaux d'Haroun-al-Raschid. Mais si Kèyam s'abandonne à l'ivresse dans le but de se rapprocher de la Divinité, il a parfois, il faut en convenir, le vin impie : témoin ce quatrain qu'il improvisa un soir qu'un coup de vent éteignit à l'improviste les chandelles allumées et renversa à terre la cruche de vin imprudemment posée au bord de la terrasse. La cruche fut brisée et son contenu se répandit. Le poëte irrité s'écria : « Tu as brisé ma cruche de vin, mon Dieu ! tu as ainsi fermé sur moi la porte de la joie, mon Dieu ! C'est moi qui bois et c'est toi qui commets les désordres de l'ivresse ! Oh ! (puisse ma bouche se remplir de terre !) serais-tu ivre, mon Dieu ? »

Après avoir prononcé ce blasphème, le poëte, s'étant regardé par hasard dans un miroir, se serait aperçu, à ce que raconte la légende, que son visage, par une punition du Ciel, était devenu noir comme du charbon. Vous imaginez peut-être que ce changement de couleur amena le poëte à résipiscence ? Nullement ; il fit un second quatrain encore plus audacieux, car la doctrine des soufis n'admet pas les peines futures, qu'elle trouve indignes de la miséricorde divine, et se raille des menaces que font les mollahs des supplices réservés en enfer aux infidèles qui transgressent la loi. Voici ce quatrain irrévérencieux :

« Quel est l'homme ici-bas qui n'a point commis de péché, dis? Celui qui n'en aurait point commis aurait-il vécu, dis ? Si, parce que je fais le mal, tu me punis par le mal, où est donc la différence qui existe entre toi et moi, dis ? »

La doctrine des soufis, presque aussi ancienne que l'islamisme, comme le dit M. J.-B. Nicolas dans une note de sa préface, enseigne à atteindre par le mépris absolu des choses d'ici-bas, par une constante contemplation des choses célestes et par l'abnégation de soi-même, à la suprême béatitude, qui consiste à entrer en communication directe avec Dieu. Pour arriver à cette perfection, les soufis doivent passer par quatre degrés différents. Dans le premier de ces degrés, qui s'appelle *perdakté-djesmani* (direction du corps), le disciple doit mener une conduite exemplaire et se conformer aux pratiques extérieures de la religion révélée. Dans le second, nommé *terik* (le chemin), l'adepte n'est plus tenu à l'observance des formes du culte dominant, parce qu'ayant acquis par sa dévotion mentale la connaissance de sa nature divine, il quitte le culte pratique et passe de la religion du corps à celle de l'âme. Le troisième degré est désigné sous la dénomination de *erf* (sagesse) ; le soufi, détaché de la terre, possède la science et communique avec la Divinité. Au quatrième degré, appelé *hekiket* (vérité), le soufi a opéré sa jonction définitive avec Dieu et jouit, dans la contemplation extatique, de la suprême béatitude.

Selon quelques auteurs orientaux, le mot soufi signifierait sage vêtu de laine, ce qui n'empêche pas M. Nicolas d'avoir vu des soufis revêtus de riches étoffes de soie et de cachemire. Les derviches et les pauvres sont seuls restés fidèles au *kerket* (manteau de laine) par dénûment plus encore que par dévotion. On les rencontre aussi dans les provinces, et demandant l'aumône au nom de Jésus et de Marie chez les chrétiens, de Mohamed chez les musulmans, de Moïse chez les juifs : car, au fond, toute religion leur est indifférente, et leur doctrine autorisant la restriction mentale , ils peuvent se conformer extérieurement à la foi des autres.

Le soufisme se divise en plusieurs branches dont quelques-unes inclinent vers un panthéisme mystique et spiritualiste, où la matière s'évanouit dans la pensée divine, mais toutes ont au fond la même doctrine secrète : le dédain des choses terrestres, le mépris des formes religieuses regardées comme inutiles, et l'anéantissement en Dieu.

Arrivons, maintenant que le lecteur connaît Kèyam, à l'appréciation de ses quatrains. Rien ne ressemble moins à ce qu'on entend chez nous par poésie orientale, c'est-à-dire un amoncellement de pierreries, de fleurs et de parfums, de comparaisons outrées, emphatiques et bizarres, que les vers du soufi Kèyam. La pensée y domine et y jaillit par brefs éclairs, dans une forme concise, abrupte, elliptique, illuminant d'une lueur subite les obscurités de la doctrine, et déchirant les voiles d'un langage dont chaque mot, suivant les commentateurs, est un symbole. On est étonné de cette liberté absolue d'esprit, que les plus hardis penseurs modernes égalent à peine, à une époque où la crédulité la plus superstitieuse régnait en Europe, aux années les plus noires du moyen âge. Le monologue d'Hamlet est découpé d'avance dans ces quatrains où le poëte se demande ce qu'il y a derrière ce rideau du ciel tiré entre l'homme et le secret des mondes, et où il poursuit le dernier atome d'argile humaine jusque dans la jarre du potier ou la brique du maçon, comme le prince de Danemark essayant de prouver que la glaise qui lute la bonde d'un tonneau de bière peut contenir la poussière d'Alexandre ou de César. Comme il s'écrie avec une mélancolie amère : Marche avec précaution ; la terre que tu foules est faite avec les joues de rose, les seins de neige, les yeux de jais de la beauté ; dépêche-toi de t'aller asseoir près de ces fleurs avant qu'elles soient fanées ; va, car bien souvent elles sont sorties de terre et bien souvent elles y sont rentrées. Hâte-toi de vider la coupe, car tu n'es pas sûr d'exhaler le souffle que tu aspires, et du limon dont tu es composé on fera tantôt des coupes, tantôt des bols, tantôt des cruches ! quel profond sentiment du néant des hommes et des choses, et comme Horace, avec son *carpe diem* de bourgeois antique et son épicuréisme goguenard, est loin de cette annihilation mystique qui cherche dans l'ivresse l'oubli de tout et l'anéantissement de la personnalité ! Kèyam ne s'exagère pas son importance, et jamais le peu qu'est l'homme dans l'infini de l'espace et du temps n'a été exprimé d'une façon plus vive. Que vous semble de ce quatrain ? ne dirait-on pas une strophe de Henri Heine dans l'*Intermezzo* ? « La goutte d'eau s'est mise à pleurer en se plaignant d'être séparée de l'Océan. L'Océan s'est mis à rire en lui disant : C'est nous qui sommes tout ; en vérité, il n'y a pas en dehors de nous d'autre Dieu, et si nous sommes séparés, ce n'est que par un point presque invisible. » C'est là l'arcane du soufisme : la multiplicité dans l'unité, l'unité dans la multiplicité. Dieu est tout, et les êtres s'en détachent quelques minutes par un accident qui est la vie, mais pour y rentrer aussitôt. Dieu est comme la lumière, qui brille sur les ob-

jets sans se diminuer et ne s'éteint pas lorsqu'ils disparaissent. Elle les éclaire, mais n'en
fait pas partie. Ce retour à la Divinité peut
se hâter par l'extase ou l'ivresse qui vous sépare des choses, comme la mort. Arrivé à ce
degré, le soufi ne pèche plus, il n'y a plus
pour lui ni bien ni mal. L'absolu n'admet
pas de relativité, et l'Éternel, lorsqu'il écri-
vait le monde sur la tablette de la création,
n'a rien loué ni blâmé. C'est là, certes, une
doctrine dangereuse, et il ne faut pas s'éton-
ner que la secte des soufis ait été en butte à
de nombreuses persécutions. Dans les quatrains de Kèyam, le vin, selon les commentateurs, signifie la Divinité, et l'ivrognerie,
l'amour divin. Cependant il nous semble difficile d'expliquer d'une manière mystique les
vers suivants : « Je veux boire tant et tant de
vin que l'odeur puisse en sortir de terre
quand j'y serai rentré, et que les buveurs à
moitié ivres de la veille qui viendront visiter
ma tombe puissent, par l'effet seul de cette
odeur, tomber ivres morts. » Cela ressemble
à un vœu bachique de maître Adam, exa-

géré jusqu'à l'ampleur orientale, plutôt qu'à l'invitation d'un sage appelant ses disciples pour recueillir sa doctrine.

En d'autres endroits la pensée de l'inanité de la vie se traduit chez Kèyam avec une grâce étrange et une énergie singulière : « Cette cruche a été comme moi une créature aimante et malheureuse; elle a soupiré après une mèche de cheveux de quelque jeune beauté. Cette anse que tu vois attachée à son col était un bras amoureux passé au cou d'une belle. » Écoutez encore cet autre quatrain d'un charme si mélancolique et si pénétrant : « Bien que ma personne soit belle, que le parfum qui s'en exhale soit agréable, que le teint de ma figure rivalise avec celui de la tulipe et que ma taille soit élancée comme celle d'un cyprès, il ne m'a pas été démontré cependant pourquoi mon céleste peintre a daigné m'ébaucher sur cette terre. » Dans cet autre quatrain, ce que les philosophes appellent « la tolérance » est exprimé avec une largeur de vue sans pareille. Nathan le Sage, de Lessing, n'aurait pas mieux parlé;

« Le temple des idoles et la Kaaba sont des lieux d'adoration ; le carillon des cloches n'est autre chose qu'un hymne chanté à la louange du Tout-Puissant. Le mehrab, l'église, le chapelet, la croix, sont en vérité autant de façons différentes de rendre hommage à la Divinité. » Mais le sentiment qui domine est la fuite rapide du temps et le peu d'heures qui nous sont laissées pour jouir de notre frêle existence : « Le clair de lune a découpé la robe noire de la nuit : bois donc du vin, car on ne trouve pas toujours un moment aussi précieux. Oui, livre-toi à la joie, car ce même clair de lune éclairera bien longtemps encore après nous la surface de la terre.»

Pour finir cet article sur Kèyam, terminons par ce fier quatrain où il semble défier toute critique. « Si je suis ivre de vin vieux ; eh bien ! je le suis. Si je suis infidèle, guèbre ou idolâtre ; eh bien ! je le suis. Chaque groupe d'individus s'est formé une idée sur mon compte. Mais qu'importe ? je m'appartiens et suis ce que je suis ! »

Moniteur universel, feuilleton du 8 décembre 1867

LA PERSE

L'autre jour nous errions autour de ce colysée de fer et de verre qu'on nomme l'Exposition universelle, cherchant quelque sujet d'article. La chaleur était intense, et le soleil, comme s'il voulait rattraper le temps perdu, versait des rayons de flamme sur le jardin et sur le parc. La mosquée, l'okkel, le palais du Bardo, le temple égyptien auraient pu se croire chez eux et se détachaient d'un ciel véritablement oriental. Si les catacombes eussent été ouvertes, nous y aurions cherché un refuge et nous y aurions étudié les antiquités chrétiennes ; mais la porte du souterrain était fermée. Force nous fut d'aller en quête d'un peu d'ombre sous la verandah circulaire du bâtiment ; mais les consommateurs de bocks et de boissons exotiques ne laissaient aucune place aux simples promeneurs, nous entrâmes donc dans une rue de l'immense édifice, et nous y éprouvâmes au bout de quelques pas une sensation de fraîcheur tranquille et de demi-jour transparent qui reporta notre pensée, par une analogie d'impression, aux temps heureux où nous visitions Smyrne, la ville des roses.

Un matin nous avions fait une promenade aux bords du Mélès, dont les eaux baignèrent jadis les pieds d'Homère enfant, qui en garda l'épithète de Mélèsigène. Un pont d'une seule arche l'enjambait, sur lequel passaient en ce moment des chameaux découpant leur silhouette bizarre. Au bas du pont, devant un corps de garde blanchi à la chaux, des Zeibecks, qu'on aurait pu croire peints par Decamps, fumaient ou dormaient. Sur l'autre rive, un délicieux cimetière turc, planté d'énormes cyprès d'où s'échappaient des bouffées de colombes, faisait briller ses tombes blanches égayées d'or et de couleurs vives. Pendant que nous regardions ce spectacle, oubliant les heures, midi était venu, et le retour à la ville fut brûlant. Avec quel plaisir entrâmes-nous dans le bazar aux rues étroites, aux passages couverts de planches dont les interstices laissent filtrer quelques rares paillettes de lumière, aux couloirs bordés de petites boutiques, où sous une ombre diaphane scintillent les richesses de l'Orient !

Pour confirmer notre illusion, ce quartier de l'Exposition ressemble, à s'y méprendre, au bezestein de Constantinople. Rien n'y rappelle ce que nous désignons, nous autres Occidentaux pleins d'amour-propre, sous le nom de progrès. Des arcades de style arabe ou turc élégamment découpées, zébrées de couleurs et de dorures, historiées d'inscriptions, forment des magasins qu'on prendrait pour des palais des *Mille et une Nuits.* On s'y tromperait d'autant plus facilement qu'ils sont peuplés par des mannequins d'hommes et de femmes revêtus des costumes orientaux les plus riches et les plus pittoresques, opiniâtrément immobiles comme ces habitants des villes maudites pétrifiés au coup de baguette de quelque magicien. Voilà la Roumanie, la Turquie, la Chine, le Japon, Siam, avec leurs produits étranges et chimériques qui semblent fabriqués dans la lune, et voici la Perse sous ces deux arcades peintes en vert pâle, occupant deux boutiques dont la corniche est ornée de petits miroirs triangulaires comme le soffite d'un palais d'Ispahan ou de Téhéran.

L'Exposition de la Perse n'est pas bien considérable, mais elle est exquise, et les objets peu nombreux qui la composent ont une grande valeur pour la pureté du goût et la perfection du travail. Les Persans sont les Italiens de l'Asie ; leur langue est riche, harmonieuse et douce ; ils ont le sentiment et le goût naturel de l'art. Moins rigoureux que les autres mahométans, ils ne proscrivent pas la représentation des êtres animés, quoique l'ornement les ait plus occupés que la figure. Sous ce rapport leur invention est inépuisable.

Un immense tapis, capable de recouvrir le plancher de la plus vaste salle, est suspendu comme une tenture le long du corridor qui mène à la Perse. Il est impossible de rien imaginer de plus beau comme goût, comme dessin et comme harmonie de couleurs. Dans ce genre, il faut l'avouer, les Orientaux sont nos maîtres ; chez eux, jamais de crudité, de discordance, d'effet criard. Ils savent rapprocher les tons en apparence les plus insociables et produire la fraîcheur d'aspect avec des nuances éteintes et comme passées : ils risquent des voisinages de rouges différents, font courir le vert sur le bleu, mêlent le jaune pâle à l'orange, sans qu'il en résulte une fausse note, et préparent si habilement les rencontres que le choc des teintes est insensible. Dans ce magnifique tapis, tout ce que peut fournir la gamme de la palette tinctoriale est employé, mais avec une telle discrétion, une harmonie si sobre, un arrangement si heureux que la couleur générale reste d'une richesse sévère et charme les yeux sans les éblouir. Quel plaisir ce serait, laissant à la porte, dans la niche de marbre, ses babouches de maroquin jaune, de marcher sur ce tissu épais comme un gazon, moelleux comme un velours, et diapré comme un cachemire !

Il y a dans l'intérieur du salon persan — nous ne trouvons pas de mot plus juste pour désigner cet élégant réduit — des tapis de moindre dimension, de ceux qui servent à la prière ou au repos lorsqu'on s'arrête en voyage. Ils sont larges et longs à peu près comme une descente de lit. Quel curieux enlacement de fleurs, d'arabesques, de chimères ! quels délicieux mariages de tons dans ces bouquets tissés ! Nous nous souvenons d'avoir vu bien souvent aux eaux douces d'Asie ou d'Europe des Persans assis sur des tapis pareils à ceux-là. Ils restaient là impassibles des heures entières, le coude appuyé sur une espèce de fourchette en acier terminée par un demi-cercle où s'emboîtait le bras, avec leurs hauts bonnets fourrés d'astrakan, leurs yeux agrandis par le k'hol, leurs barbes teintes en noir bleu et leurs robes rayées de légers fils d'or. Leurs tapis nous ont fait plus d'une fois commettre le péché d'envie, et ceux qui verront à l'Exposition universelle le compartiment réservé à la Perse nous comprendront sans peine. Quelle fête pour un peintre que d'avoir dans son atelier cet écrin de tons précieux!

Nous aimons aussi beaucoup ces tapis de feutre à contexture double, qui portent sur chaque face un dessin spécial; en les fendant et les dédoublant, on peut en tirer deux portières d'appartement d'aspect varié. Le fond est chamois clair. D'un côté s'enlacent des arabesques de couleurs douces du plus joli goût d'ornement, de l'autre s'épanouissent des fleurs et des feuillages d'une teinte plus tranchée. Ce qui distingue ces tapis de feutre, c'est que les dessins qui les décorent ne sont point imprimés, mais foulés et entrés dans la masse, comme des espèces de nielles de couleur, invention délicate et charmante.

On ne se lasse pas d'admirer les étoffes pour divans, carreaux et coussins. Ce sont de merveilleuses applications et broderies de soie sur drap rouge d'une inépuisable fantaisie et d'un éclat qui ne nuit en rien à la douceur harmonieuse des tons ; il semble qu'il ait fallu la dextérité patiente d'une princesse enfermée dans une tour d'ivoire et mise à la tâche par une péri jalouse pour venir à bout de ces fleurs, de ces découpures, de ces rinceaux, de ces entrelacs qui reviennent sans cesse sur eux-mêmes et ne s'embrouillent jamais. Ces draps brodés sont une industrie circassienne, et les sultanes dans le harem s'étendent nonchalamment sur ces chefs-d'œuvre, travail de quelque tribu errante.

Ce bocal à demi rempli de morceaux d'une résine noirâtre renferme tous les rêves, toutes les délices, toutes les splendeurs ; il peut faire éclore, si on l'ouvre, des magnificences féeriques à rendre pauvre le trésor d'Aladin, d'Aboul-Kasem et de Haroun-al-Raschid ; c'est de l'opium de Schiraz. Cet autre vase contient des pistaches de Bagdad ; cet autre de l'essence de rose de Ginnistan, ou quelqu'une de ces drogues aromatiques qu'entasse Salomon dans le Sir Hazirim et dont l'Orient a conservé le goût passionné.

La seconde salle contient des richesses et

des curiosités exquises. De larges portières
pendent aux arcades, ce sont des rideaux de
Perse ; — quoi de plus simple ? n'est-ce pas
de Perse que venaient ces toiles imprimées
de couleurs éclatantes, grands bouquets, ramages extravagants, dont on fait un si grand
usage pour la tenture des boudoirs et des
chambres à coucher ? Celles de l'Exposition
sont bizarres ; elles ont une bordure de petits
soldats d'un dessin naïf comme les bonshom-
mes coloriés qui servent aux armées des petits enfants, et sur le fond de l'étoffe se bat-
tent des monstres fantastiques figurant sans
doute la lutte des Dervands et des Amscha-
pands, les uns rouges, les autres verts et de
la difformité la plus baroque. Cela fait, en
somme, une charmante tapisserie du meilleur
effet décoratif.

Au milieu du salon, sur une table d'ébène,
protégés par une vitrine, s'offrent à l'admi-
ration des coffrets incrustés et niellés avec un
goût merveilleux, à côté de plaques destinées
à la reliure des ouvrages précieux et d'étuis
à renfermer les *calams* et tout le menu ma-

tériel de l'écrivain. La plupart de ces coffrets sont d'un bois qui ressemble au thuya, quelques-uns en ivoire, d'autres en simple papier mâché ; mais la matière première importe peu : ce qui fait le mérite de l'objet, c'est le travail, d'une délicatesse vraiment in concevable. L'ouvrier, après avoir tracé son dessin, bat un dinar qu'il aplatit en feuille mince et y découpe avec ses frêles outils les imperceptibles ornements dont il enjolive son œuvre. Il en agit de même pour les filigranes, les losanges, les disques d'argent ou de nacre qu'il enfonce dans le champ de la boîte ou la plaquette, et d'un pinceau aussi fin que les cils d'une houri il ajoute les couleurs. Jamais peuple ne poussa plus loin que les Persans l'art de l'ornementation. Leurs reliures, leurs manuscrits, sont des prodiges de calligraphie illustrée.

Il y a sur les marges de Firdouci, de Hafiz, de Ferideddin-Attar, de Saadi, leurs poëtes de prédilection, des motifs pour décorer vingt Alhambras. Leurs armes sont des joyaux et donnent l'envie d'être tué par de si charmants engins de destruction. Dans l'acier veiné et d'un gris mat courent de fines arabesques et s'inscrivent en caractères mêlés de fleurs les surates du Koran ou les vers célèbres des poëtes nationaux. C'est avec ces sabres si légers à la main que le sultan Saladin fendait au vol un oreiller de plume, pour répondre à la prouesse de Richard Cœur-de-Lion, qui avait coupé une enclume en deux de sa lourde épée féodale. Les armes de l'exposition persane renouvelleraient aisément ces exploits et, maniés par une main adroite, moissonneraient comme des roseaux les canons de fusil.

Regardez ces délicates broderies aux dessins aussi frêles que ceux de la malines et de la valenciennes, qui donnent une si grande valeur à ces mouchoirs, à ces essuie-mains, à ces chemisettes qui semblent avoir fait partie du trousseau d'une fée. Quel adorable effet produisent ces broderies blanches sur fond blanc! Les femmes, meilleures connaisseuses que les hommes en ces menus travaux de goût et de patience, s'arrêtent longtemps a cette vitrine et y restent comme en extase.

Nous noterons pour mémoire quelques bonnets de feutre pareils à ceux dont se coiffent les derviches tourneurs, quelques gracieuses poteries ornées de lettres blanches sur fond d'émail vert, et deux ou trois narguilhés en acier du Khoraçan du goût le plus pur.

Pour garder toutes ces richesses, veille fidèlement à la porte un guerrier revêtu de son armure complète. Un casque à pointe protége sa tête, dont la nuque est garantie par une coiffe de mailles tombant sur les épaules. Le corps s'enveloppe d'une chemise faite de fins anneaux d'acier que renforcent des plaques de métal niellées d'or ; un brassard de fer montant jusqu'au coude défend le bras. Des grègues d'acier semblables à des cnémides garnissent les jambes. Sur le bouclier, du plus élégant travail, s'arrondissent des demi-boules de filigranes. L'armure de Rustem lorsqu'il s'élança dans la bataille, monté sur son cheval qui poussait des cris comme un éléphant furieux, ne devait pas différer beaucoup de celle-là, et les Perses battus par Alexandre en portaient sans doute de semblables.

Comme nous examinions les inscriptions qui historient le casque, les plaques pectorales et le bouclier de cette armure, un Persan s'approcha et nous les traduisit. C'étaient des vers du *Schah-Nahmeh*, de Firdouci. — N'est-ce pas une idée charmante que de décorer l'armure du guerrier avec les vers du poëte ?

Quand on débouche du pont d'Iéna et qu'on entre à l'Exposition universelle par cette espèce d'avenue triomphale bordée de mâts vénitiens, le regard hésite, tant il est sollicité de toutes parts, et ne sait sur quoi se poser. Au fond, comme le mur extérieur d'un cirque, la haute paroi du bâtiment circulaire où sont réunies les merveilles de l'art, de la science et de l'industrie, dérobe son fuyant contour : nous y pénétrerons plus tard. Çà et là s'élèvent une foule de constructions bizarres : cette ville étrange, composée d'échantillons de toutes les architectures se-

mées autour de l'édifice central, attire in-
vinciblement l'attention. La parcourir, c'est
presque faire le tour du monde en quelques
pas. Non contents d'avoir exposé leurs produits, les peuples ont encore apporté leur
couleur locale, qui va bientôt disparaître
sous la teinte uniforme de la civilisation. Ils
semblent avoir senti, à ce grand jubilé inter-
national, à cette immense foire de l'univers,
le besoin de constater une dernière fois leur
physionomie caractéristique, leur originalité
de climat, de race et de goût. Avec un soin
jaloux, ils ont tâché de bien faire ressortir
ce qui les distinguait les uns des autres. Si
tous tendent vers une perfection commune
et qu'on pourrait appeler humaine, chacun
cherche à garder et à marquer son indivi-
dualité. C'est là ce qui, selon nous, forme la
note dominante de l'Exposition universelle
de 1807 et lui donne un cachet tout particulier.

L'on nous pardonnera d'aller tout de suite
en Orient et de négliger les machines et les
appareils variés que renferment ces élégan-

tes baraques disséminées sur la pelouse du
jardin.

Nous voyons là-bas pointer un svelte minaret avec son balcon aérien, où il ne manque que le muezzin pour convoquer les fidèles
à la prière. S'il les appelait, ils viendraient,
n'en doutez point, car à chaque pas nous
rencontrons de brunes figures aux blanches
dents, enveloppées de draperies flottantes qui
promènent nonchalamment leurs babouches
jaunes, des fez et des turbans, des têtes à
tempes rasées comme sur le pont de Galata
ou la place de l'Esbekich. C'est la mosquée
de Brousse, celle qu'on nomme la mosquée
Verte, avec son dôme surmonté du croissant,
sa porte à l'arc évidé en cœur, ses fontaines
aux grillages ouvrés comme une guipure
d'or et placés aux angles en manière de pavillons, ses fenêtres ajourées de découpures,
son mirah qui indique aux croyants la direction de la Mekke, son miraber où l'iman
lit les versets du Koran, ses légendes en
caractères cufiques entremêlés de ces délicieuses arabesques qui sont l'art de l'Orient,

auquel la représentation de la nature vivante est interdite comme une idolâtrie.

Il est bien entendu que la mosquée du Champ-de-Mars n'a pas la dimension de la mosquée de Brousse; mais, comme l'échelle de réduction est suivie exactement pour les moindres détails, l'impression est la même. Seulement l'ornementation déjà si délicate, réduite ainsi, paraît plus fine et plus mignonne encore.

Non loin de là s'élève un kiosque, un kanak ou pavillon d'été, comme on en voit sur les rives du Bosphore, cette mer qui ressemble à un fleuve et dont les eaux bleues et rapides emportent dans leur course le reflet de tant de résidences charmantes où le kief oriental, assis sur de larges coussins, à travers les blondes spirales de la fumée de son chibouck peut regarder à la fois l'Asie et l'Europe, séparées par un simple ruban de moire liquide. Le style choisi est l'ancien style turc avec ses toits à forte projection, ses arcs légers, ses frêles colonnettes, ses galeries à jour et ses cabinets treillissés.

Une mosquée, un kiosque, un bain, c'est la Turquie tout entière. Le bain arrondit non loin du kiosque sa coupole étoilée de disques en verre semblables à de gros diamants cabochons qui donnent du jour et empêchent la vapeur de s'échapper. Au milieu de la salle une fontaine lance son mince filet d'eau, qu'elle reçoit dans une vasque de marbre. Les entre-colonnements forment des espèces de cabinets revêtus de fines nattes, sur lesquelles le baigneur se repose. Une autre salle, chauffée à outrance et dont les niches versent par d'élégants robinets l'eau tiède ou froide, sert de théâtre aux exercices des masseurs. Ce bain ressemble à celui de la place de Top'hané à Constantinople, où nous avons passé tant d'heures délicieuses entre un chibouck et une tasse de café.

ÉGYPTE

Dans le jardin de l'Exposition universelle, l'Égypte n'est pas loin de la Turquie. On n'a pas besoin de prendre à Marseille le bateau d'Alexandrie. Il suffit de suivre un bout d'allée sablée, et vous voilà en face du temple d'Edfou. Nous franchissons le pylône aux épaisses assises en talus, nous suivons une avenue bordée de sphinx d'une assez jolie dimension encore, quoique réduits au tiers de leur grandeur, et nous arrivons au temple fortement assis sur ses puissantes colonnes aux chapiteaux de lotus. Les parois des murs, les fûts des colonnes, l'encorbellement de la corniche sont couverts de ces longues processions hiéroglyphiques dont la rêverie cherche le sens mystérieux, et qui chamarrent de leurs couleurs éclatantes, que n'ont pu altérer les siècles, ces surfaces robustes de l'architecture égyptienne. Cela étonne et dépayse étrangement de se trouver tout à coup nez à nez avec un de ces monuments qu'on va chercher le long du Nil dans quelque plaine de sable aux réverbérations brûlantes. L'illusion est complète, tant la fidélité de la copie est poussée loin. On se croirait devant un temple du temps des Pharaons si l'on ne voyait des décorateurs français occupés à remplir des teintes sacramentelles les contours des bas-reliefs méplats reproduits au moyen d'estampages. Ce n'est pas du granit, mais du plâtre. Pourtant le ton est si juste qu'on s'y méprendrait.

A l'intérieur du temple seront exposées les antiquités égyptiennes découvertes par M. Mariette, et cette statue vieille de plus de six mille ans, une merveille d'art qui révèle une prodigieuse civilisation disparue, aussi ancienne que le monde.

Non loin du temple d'Edfou, se dresse

l'Okkel ou caravansérail arabe, avec ses hautes murailles jaunes, striées de zones rouges en briques formant les plus jolis dessins, ses moucharabys surplombant, appliqués aux parois extérieures comme de grandes cages d'oiseaux, et son comble en terrasse.

L'intérieur se compose d'un *patio* à deux étages, entouré de boutiques et de chambres tirant leur lumière de la cour, où les marchands et les voyageurs doivent trouver bien-être, calme et fraîcheur. Les moucharabys, espèces de salons aériens, sont garnis en dedans de divans bas, et leur fine dentelle de bois découpé, qui permet de voir sans être vu, se détache sur le ciel comme un de ces papiers frappés à l'emporte-pièce dont on recouvre les bonbons, tamisant le jour et la brise, et donnant un aspect féerique à ce délicieux rêvoir oriental. Les Espagnols, à l'imitation des moucharabys, ont le mirador, où les señoras long voilées, comme dit Alfred de Musset, passent une grande partie de leur existence assises sur des carreaux ou des nattes, à la façon de Fatma, de Zoraïde ou de Chaîne-des-Cœurs.

Espérons que ce caprice viendra à quelque riche voluptueux et spirituel de se faire bâtir un pavillon d'été avec des moucharabys à l'orientale, au milieu d'un parc ou sur le bord d'une pièce d'eau; il ne lui manquera que le soleil, la chaleur et les palmiers.

A quelques pas de l'Okkel se trouve l'écurie qui abrite les maharis ou dromadaires coureurs, charmantes bêtes au pelage blanc, d'une légèreté extraordinaire, et dont le col de cygne balance une tête mignonne aux grands yeux de gazelle. Leurs conducteurs, Arabes basanés, logent auprès d'eux et passent leurs journées rêveurs adossés aux murailles du porche où s'égoutte un robinet dans une auge de pierre. Les maharis ont été transportés pour quelques jours au jardin d'Acclimatation, le voyage les avait fatigués, ils n'ont pas l'habitude, eux les coureurs du désert, de cheminer en bateau à vapeur et en wagon.

Le palais du bey de Tunis attire et retient

l'œil par le charme de ses proportions et la curiosité de ses détails. La façade est flanquée de deux pavillons carrés surmontés de créneaux découpés en dents de scie comme les créneaux des murailles de Séville, et présente une sorte de terrasse formant le sol d'une galerie à colonnettes où l'on accède par un escalier côtoyé de six lions allongés sur leurs pattes à la façon des sphinx ; des dômes d'une courbe gracieuse coiffent quelques-unes des salles et offrent en dedans ces combinaisons d'ornements rehaussés d'or, de pourpre et d'azur dont les chambres de l'Alhambra gardent de si précieux modèles.

Le centre de l'édifice est occupé, comme celui de toute habitation orientale, grande ou petite, par un *patio*, ou cour à ciel ouvert, qu'aux heures brûlantes recouvre un *velum* arrosé d'eau de senteur. Une fontaine jaillit au milieu du *patio*, sur lequel s'ouvrent les chambres et qui est garni à ses coins de divans. Le bas des murailles est garni à hauteur d'homme *d'azulejos* ou carreaux de faïence d'un goût charmant. Des tentures de drap découpé et cousu sur un fond de même étoffe comme les agréments des vestes andalouses tapissent la pièce située au bout du patio. Rien de plus original et de plus joli. Aux fenêtres brillent, comme des bouquets de pierreries cueillis dans la caverne d'Aladin, des vitraux d'abord recouverts de gypse et où les artistes arabes modernes, aussi habiles que ceux qui ont décoré les salles des Deux-Sœurs, des Abencerrages, ou le mirador de Lindarajo, ont fouillé à la pointe du ciseau, sans dessin préalable, des ornements à jour laissant transparaître les tons de saphir, de rubis et d'émeraude du verre coloré. On ne saurait imaginer un effet plus doux, plus mystérieux et plus magique : l'appartement du bey, voisin du patio, est décoré avec une rare magnificence. Les plus riches étoffes de l'Orient, les plus beaux tapis recouvrent les divans et les planchers : les sultanes se feraient des robes de gala avec les portières qui masquent les entrées, et les plus fins ouvriers en filigrane seraient désespérés par la délicatesse des moucharabys. C'est tout au plus si le peintre anglais Lewis, dont on voit à l'Exposition universelle cette merveilleuse vue de la maison du grand Cophte au Caire, parviendrait à peindre cette aérienne dentelle de bois. Sur les frises, à travers les fleurs, les rinceaux et les ornements, court une légende en belles lettres arabes, tirée d'un verset du Koran : « Heureux le pays qui est gouverné par le juste. » L'allusion est d'autant plus ingénieuse que juste se dit *sadik* en arabe, et c'est le nom même du bey.

Un autre bâtiment, en forme de temple égyptien, contient un plan en relief de la vallée du Nil et la reproduction des travaux de l'isthme de Suez. On pourra dans quelques jours se rendre compte de ce gigantesque travail qui met l'Inde si près de nous. Le globe avait besoin de cette correction, et quand l'isthme de Panama sera coupé à son tour, l'homme pourra à son aise se promener dans son petit domaine.

Terminons cette promenade exotique par un coup d'œil au temple mexicain de Xochicalco qui se donne des airs égyptiens sur sa large substruction en talus. Là trônait l'affreuse idole de Witziputzli à qui l'on fourrait dans la bouche, sur une cuiller d'or, des cœurs d'hommes fumants. Il y a trois cents ans à peine que cela se passait. L'humanité est vraiment longue à se civiliser et quelques expositions universelles lui sont nécessaires.

Au second étage de l'Okkel, ce caravansérail-bazar, où la foule s'arrête à regarder travailler dans leurs petites boutiques ces ouvriers arabes si gracieusement adroits avec leur outillage primitif, on remarque une porte sur laquelle est tracée cette inscription : « Le public n'entre pas ici. » C'est le musée anthropologique, une collection de plusieurs centaines de crânes, dont quelques-uns remontent à une si haute antiquité, qu'on pourrait les dire plus anciens que le monde sans trop d'hyperbole.

Dans cette collection se trouvent des caisses de momies de différents siècles, tirées de tombeaux ou de syringes qui n'ont pas été violées par les chercheurs de trésors, et lundi dernier on ouvrait un de ces cercueils bariolés d'hiéroglyphes, et l'on devait démailloter le corps qu'elle contenait en présence de médecins, de savants, d'artistes et d'hommes de lettres.

Notre curiosité était vivement surexcitée. Ceux qui nous font l'honneur de nous lire comprendront bien pourquoi. La scène qui allait se passer devant nous réellement, nous l'avions imaginée et décrite par avance dans le *Roman de la momie*. Ce que nous disons ici n'est pas pour faire une réclame à notre œuvre, mais pour expliquer l'intérêt tout particulier que nous portions à cette séance archaïque et funèbre.

Quand nous entrâmes dans la salle, la momie extraite de sa boîte était déjà couchée sur une table, dessinant vaguement la forme humaine sous l'épaisseur des bandelettes; le cercueil était placé non loin d'elle.

Sur les parois de ce cercueil est peint le jugement des âmes, scène habituellement représentée en pareille circonstance. L'âme de la défunte (la momie était une femme), amenée par deux génies funèbres, l'un hostile, l'autre favorable, s'inclinait devant Osiris, le grand juge souterrain, assis sur son trône, le pschent en tête, la corne mortuaire au menton, le fouet à la main. Plus loin, ses actions bonnes ou mauvaises, symbolisées par un pot de fleurs et une pierre brute, sont pesées dans des balances. Une longue file de juges à tête de lion, d'épervier, de chacal, attendent dans une pose hiératique le résultat de la pesée pour prononcer leur sentence. Au-dessous de cette peinture se déroulent les prières du rituel funéraire et la confession de la défunte qui ne s'accuse pas de ses fautes, mais dit au contraire celles qu'elle n'a pas commises : je ne me suis rendue coupable ni de meurtre, ni de vol, ni d'adultère... Une autre inscription contient la généalogie de la morte, branche paternelle et branche maternelle. Nous ne transcrirons pas ici cette série de noms bizarres qui aboutissent au nom de Nes-Khons, la femme ou plutôt la dame enfermée dans cette caisse où elle se croyait sûre du repos, en attendant le jour où son âme serait, après les épreuves, réunie à son corps bien conservé et jouirait en chair et en os de la félicité suprême. Espoir trompé, car la mort ment comme la vie !

On commença l'opération du démaillotage. Les enveloppes extérieures d'une toile assez forte furent ouvertes avec des ciseaux ; une faible et vague odeur de baume, d'encens et autres drogues aromatiques se répandit dans la salle comme un parfum de pharmacie. Parmi ces linges on chercha le bout d'une bandelette, et, l'ayant trouvé, on plaça la momie debout pour pouvoir tourner autour d'elle et replier l'interminable lanière jaunie comme une toile écrue par le vin de palmier et les liqueurs conservatrices.

Rien n'était plus étrange que cette grande poupée de chiffons ayant pour armature un cadavre et se démenant d'un air raide et gauche sous les mains qui la déshabillaient avec une sorte de parodie horrible de la vie, et cependant les bandes s'amoncelaient autour d'elle comme le reste sans fin d'un fruit qu'on pèle et dont on ne peut atteindre le noyau.

9.

Parfois les bandes comprimaient des pièces d'étoffes semblables à des serviettes à franges destinées à combler les vides ou à soutenir les formes.

Des morceaux percés au milieu laissaient passer la tête, s'ajustaient aux épaules et retombaient sur la poitrine. Tous ces obstacles relevés, on arriva à une sorte de voile semblable à de la grosse mousseline des Indes et coloré d'une teinture rosâtre d'une douceur de ton à charmer un peintre. Il nous semble que la matière tinctoriale a dû être le roucou, à moins que cette mousseline, primitivement rouge, n'ait pris une nuance rose de chair au contact des baumes et par l'action du temps. Sous le voile recommençait un système de bandelettes en toile plus fine serrant le corps de plus près dans leur enlacement dédaléen. La curiosité irritée devenait fébrile et l'on faisait tourner la momie un peu vivement sur elle-même. Hoffmann ou Edgar Poë auraient pu trouver là le point de départ d'un de leurs contes terribles. Justement un orage subit cinglait les vitres d'une pluie à larges gouttes sonnant comme de la grêle : de blafardes lueurs d'éclairs illuminaient sur les rayons des armoires les vieux crânes jaunes et les rictus grimaçants des six cents têtes de mort du musée anthropologique, et le tonnerre avec des grondements sourds servait d'accompagnement à la valse de Nes-Khons, fille d'Horus et de Rouaa, pirouettant entre les mains impatientes de ses démailloteurs.

La momie diminuait sensiblement et sa forme grêle s'accusait de plus en plus sous l'enveloppe moins épaisse. Une immense quantité de linges encombrait la salle, et on se demandait comment tout cela avait pu tenir dans cette boîte, qui ne dépassait guère en dimension un cercueil des pompes funèbres. Le col fut la première portion du corps qui apparut débarrassée de bandelettes ; mais il était empâté d'une assez forte masse de naphte qu'il fallut enlever au ciseau ; tout à coup, à travers les noirs débris du natrum, brilla sur le haut de la poitrine un vif éclair d'or, et bientôt on mit à nu une mince feuille de métal découpée en forme d'épervier sacré, les ailes éployées, la queue en éventail comme les aigles de blason. Sur cette feuille d'or, pauvre bijou funéraire qui ne pouvait tenter les déterreurs de cadavres, était écrite avec un roseau et de l'encre une prière demandant aux dieux protecteurs des tombes que le cœur et les entrailles de la morte ne fussent pas dispersés loin de son corps. Un charmant gypaète microscopique en pierre dure, délicieuse breloque à suspendre à une montre, était attaché par un fil à un collier de plaquettes en verre bleu, où s'accrochait une sorte d'amulette en émail d'un bleu turquoise ayant la forme d'un fléau. Comme ces sucres d'orge dont la cristallisation diminue par places la transparence, quelques-unes des plaquettes étaient devenues demi-opaques, sans doute sous la chaleur du bitume versé bouillant et figé sur elles.

Tout ceci n'a rien que d'ordinaire, on trouve souvent dans les cercueils des momies une quantité de ces petits objets, et il n'est pas de marchand de curiosités qui ne possède quelques-unes de ces figurines en pâte bleue;

mais ici se présenta un détail imprévu et d'une grâce touchante. Sous chaque aisselle de la morte était placée une fleur entièrement décolorée, comme les plantes longtemps pressées entre les feuilles d'un herbier, mais d'une conservation parfaite, et qu'un botaniste eût nommée sans doute. Était-ce une fleur de lotus ou de perséa? Nul ne put nous le dire; il n'y avait là que des savants. Cette trouvaille nous rendit pensif. Qui avait mis là ces pauvres fleurs comme un adieu suprême au moment où le corps regretté allait disparaître sous le premier enroulement de bandelettes. Des fleurs de quatre mille ans, — cette fragilité et cette éternité — cela fait une impression singulière.

On rencontra aussi parmi les linges une petite baie de fruit dont il est difficile de désigner l'espèce. Peut-être une baie de ce népenthès qui faisait tout oublier. Sur un fragment d'étoffe soigneusement recueilli se lisait dans son cartouche le nom d'un roi inconnu appartenant à une dynastie non moins ignorée. La momie ouverte à l'Exposition uni-

verselle comble une lacune de l'histoire et
révèle un pharaon nouveau.

La figure restait cachée encore sous son
masque de linge et de bitume qui ne se dé-
tachait pas aisément, car il avait été noué
pour un nombre indéfini de siècles. Sous la
pesée du ciseau un éclat s'enleva et deux
yeux blancs aux larges prunelles noires bril-
lèrent avec une vie factice entre des paupières
couleur de bistre. C'étaient des yeux d'émail
comme on en mettait aux momies soigneusement préparées. Ce regard clair et fixe dans
cette face morte produisait un effet assez ef-
frayant. Le cadavre semblait considérer avec
une surprise dédaigneuse les vivants qui s'a-
gitaient autour de lui. Les sourcils se distin-
guaient parfaitement sur l'arcade évidée par
le retrait des chairs. Le nez, nous devons
l'avouer, ce qui rendait Nes-Khons moins
jolie que Tahoser, était rabattu du bout pour
cacher l'incision par laquelle on avait vidé
le crâne de sa cervelle et une feuille d'or
était plaquée sur sa bouche comme le sceau
de l'éternel silence. Ses cheveux très-fins,

très-soyeux, très-doux, séparés en boucles légères, ne dépassaient pas le bout de l'oreille et avaient cette couleur rousse si recherchée des Vénitiennes et que le caprice blasé de quelques élégantes a remis en faveur aujourd'hui. On eût dit des cheveux d'enfant teints de henné, comme on en voit en Algérie. Nous ne pensons pas que cette teinte, qui met Nes-Khons à la dernière mode, soit naturelle; elle devait être brune comme les autres Égyptiennes, et ce ton *auburn* est produit sans doute par les essences et les parfums de l'embaumement. Cette teinte d'or rougi, nous la retrouvons sur deux têtes de femme exposées dans la vitrine, dont l'une, chose étrange, est coiffée exactement comme la Vénus de Milo, avec d'opulents bandeaux ondés, et dont l'autre porte une profusion de nattes enroulées formant casque, comme on les dispose maintenant.

Peu à peu le corps se révélait dans sa triste nudité. Le torse montrait sa peau rougeâtre où le contact de l'air faisait venir une fleur bleue semblable au chanci des tableaux et laissait voir au flanc l'incision qui avait servi à retirer les entrailles et d'où s'échappait, comme le son d'une poupée décousue, une sciure de bois aromatique mêlée d'une résine en petits grains ayant l'air de colophane. Les bras amaigris s'allongeaient, et les mains osseuses, aux ongles dorés, simulaient avec une pudeur sépulcrale le geste de la Vénus de Médicis. Les pieds, légèrement crispés par la dessiccation des chairs et des nerfs, semblaient avoir été délicats et petits ; leurs ongles étaient, comme ceux des mains, couverts de petites feuilles d'or. Était-elle après tout jeune ou vieille, belle ou laide, cette Nes-Khons, fille d'Horus et de Rouaa, qualifiée dame par son épitaphe? C'est à quoi il est difficile de répondre. Ce n'est plus guère qu'une peau enveloppant des os, et comment retrouver dans ces lignes sèches et raides les sveltes contours des femmes égyptiennes telles qu'on les voit peintes dans les temples, les palais et les tombeaux, et qu'Alma-Tadema les retrace de son pinceau archaïque? Mais n'est-ce pas une chose étonnante et qui semble appartenir au rêve de voir là sur une table, et dans une forme appréciable encore, une tête qui marchait au soleil, aimait, vivait cinq cents ans avant Moïse, deux mille ans avant Jésus-Christ? Car tel est l'âge de cette momie qu'un caprice du sort a fait sortir de son cartonnage en pleine Exposition universelle au milieu de toute la machinerie moderne. Quels bizarres événements cache l'avenir! à quelle infinité de suppositions, en présence de faits pareils qui semblent tout simples, la rêverie a-t-elle droit de se livrer! Comme Hamlet dialoguant avec le fossoyeur, on arrive à se démontrer philosophiquement que la poussière d'Alexandre sert à luter la bonde d'un tonneau de bière. Nous songions qu'à une Exposition universelle des siècles futurs, quand la civilisation actuelle aura été remplacée par une autre, il n'y aurait rien d'étonnant à ce qu'un professeur d'anthropologie de ce temps-là, parlant des races disparues, ne fît avec notre crâne une dissertation fort brillante sur le genre Feuilletoniste, de la famille Homme de Lettres croisé du

Poëte, et nous jetions à la pauvre momie un regard d'adieu amical et mélancolique.

L'ISTHME DE SUEZ.

Retournons encore en Égypte. Non loin de l'okhel arabe, où nous avons assisté au dépouillement de la momie, s'élève une sorte de palais ou de temple aux parois bariolées d'hiéroglyphes, aux colonnes coiffées de chapiteaux que décorent des masques de femmes dorés et de fleurs de lotus peintes de vives couleurs. Au bout du bâtiment s'ajuste, comme le chœur à la nef d'une église, un édicule de forme ronde, petite déviation à l'architecture rectiligne égyptienne qui va bientôt être justifiée.

A la porte, un pilier carré d'une matière à demi transparente attire tout d'abord les yeux ; c'est un bloc de sel gemme taillé au fond des lacs Amers de l'isthme de Suez. N'était la difficulté du transport, il aurait pu être aisément d'une dimension double ou triple ; car la couche est épaisse et on y sculpterait des obélisques.

On entre et l'on se trouve dans une vaste salle éclairée par en haut et dont la température, lorsque le soleil frappe sur le vitrage, ne doit pas différer beaucoup de celle qui échauffe les travailleurs de M. de Lesseps. Un mahari, chameau de course au blanc pelage, très-artistement empaillé, complète la couleur locale. Le long des murs, dans des vitrines, sont rangés des échantillons de la faune et de la flore assez pauvres du pays, les coquilles des deux mers, des débris de fossiles, et quelques menues antiquités rencontrées par les fouilles du canal. Au milieu, sur une large table, se développe le plan en relief de l'isthme de Suez, bizarre découpure jaune que borde l'azur de deux mers. Çà et là quelques maigres mouchetures de vert tachètent le sable ; des dunes arides mamelonnent la plaine du côté de la mer Rouge et creusent cette vallée de l'Égarement où les tribus d'Israël errèrent à leur sortie d'Égypte. L'isthme de Suez forme une sorte de dépres-

sion entre l'Afrique et l'Asie, dont les pentes
viennent y mourir en courbes insensibles.
Cette agrafe qui relie les deux continents n'a
qu'une trentaine de lieues tout au plus. Un
simple bout de fil. Aux temps anté-histori-
ques, la Méditerranée et la mer Rouge devaient communiquer ensemble. Cette dernière du moins s'avançait et prolongeait sa
corne jusqu'au fond des lacs Amers, où elle a
laissé de profondes couches salines et des
vases pâteuses encore.

Ce faible obstacle, cette mince langue de
terre à peine perceptible sur là carte, forçait
depuis des siècles les navires à contourner
l'énorme continent de l'Afrique, allongé en
pointe vers le pôle austral et mettait par rapport aux nations européennes l'Inde et la
Chine au bout du monde ; l'extrême Orient
se reculait dans un lointain presque fabuleux.
Il n'en a pas toujours été ainsi. Sésostris
avait eu l'idée de rejoindre les deux mers,
non pas en coupant l'isthme, mais en faisant
creuser un canal qui partait de la branche
pélusiaque du Nil près de Bubaste, et abou-

tissait vers Arsinoé à la pointe du golfe Arabique. Ce canal commencé par Sésostris, continué par Nechao, Darius Ier, Ptolémée-Philadelphe, fut terminé sous les premiers Lagides; il avait deux cents kilomètres à peu près de longueur, dix mètres de profondeur, et deux trirèmes pouvaient y passer de front. Il subsista parfois obstrué et recreusé toujours, jusqu'au huitième siècle, où le calife Al Mansour en fit fermer l'embouchure pour rejeter le transit du commerce sur Bagdad. On trouve encore des traces de ce canal ensablé.

La pensée de Sésostris vient d'être reprise par M. F. de Lesseps et complétée avec la hardiesse que comportent les puissants moyens de la science moderne. Ce projet gigantesque, conçu en 1844, n'est déjà plus un projet. La chimère passe à l'état de réalité, et il ne reste plus à creuser que quelques kilomètres sur le plateau d'El Guisr, à couper le Sérapéum et à fouiller l'étroit espace qui sépare l'extrémité sud des lacs Amers de la pointe du golfe de Suez. Un travail de deux ou trois ans, tout au plus, et les vaisseaux passeront de l'une à l'autre mer par ce bosphore fait de mains d'ouvriers.

Une opération analogue pratiquée sur
l'isthme de Panama, ce point de suture qui
rattache l'Amérique du Sud à l'Amérique du
Nord et empêche de déboucher de l'océan
Atlantique dans l'océan Pacifique, permettra
à l'homme de circuler librement autour de
son globe et supprimera d'énormes détours
inutiles. Cela se fera bientôt, car la planète
doit être aménagée pour la vie nouvelle et
inconnue encore, mais qu'on peut prévoir,
résultant des grandes découvertes scientifiques, l'honneur de notre siècle.

Mais laissons là ces considérations que
n'admet pas la frivolité ambulatoire d'une
flânerie autour de l'Exposition universelle, et
revenons à notre plan en relief. Il se présente
au curieux qui entre dans la salle comme à
un voyageur arrivant de l'Inde. On a devant
soi, au nord, la Méditerranée, à sa gauche
une portion de la basse Égypte cultivée et
verdoyante, où le Nil, approchant de la mer,
se divise en plusieurs branches et s'épanouit

dans son delta comme une cime de palmier.
Des villes et des villages tachètent cette région fertile. A droite se déroule la plaine
aride et bosselée de collines sablonneuses que
traverse le canal maritime. Là règne la sé-
cheresse ardente du désert, et l'on n'aurait
d'autre liquide à boire que sa sueur si un canal d'eau douce creusé par la compagnie ne
partait de Zagazig et n'amenait l'eau du Nil
jusqu'à Timsah, à peu près au milieu de la
ligne que trace le canal maritime. C'est du
golfe de Peluse que part le canal de l'isthme
de Suez, et le premier coup de pioche a
romp u l'étroite langue de sable où s'élève
Port-Saïd, une ville toute jeune, née d'hier
pour ainsi dire et créée par les travaux de la
compagnie. Le canal traverse le lac Menzaleh, espèce de marais ou de lagune provenant
du Nil extravasé et s'étendant le long de la
côte. Une mince ligne de sable prolongée
jusqu'à Damiette sépare l'eau stagnante de
l'eau salée. La berge exhaussée du canal
forme une digue qui asséchera bientôt la
pointe Est de la lagune où se trouvait l'an-

cienne Peluse, en empêchant l'inondation du Nil de s'étaler jusque-là.

Sur d'autres tables sont exposés des plans également en relief et représentant des portions du canal, avec les puissantes machines qui remplacent aujourd'hui le travail des fellahs. Des dragues, des *élévateurs* rejetant au loin par delà les berges les terres arrachées au sol, au moyen d'une espèce de pont incliné ou de montagne russe en tôle, des gabares à clapets, des bateaux de touage et toutes sortes d'engins d'une efficacité surprenante, sont reproduits sur une échelle suffisante pour ne perdre aucun détail et animent ce ruban d'eau bleue côtoyée par deux rives de sable jaune.

Sur les murailles latérales, des photographies montrent sous leurs divers aspects le sol et les travaux de l'isthme. Deux tableaux, l'un de Berchère, l'autre de Barry, forment un contraste frappant. Dans l'un on voit l'isthme à l'état sauvage, brûlé, pulvérulent, à peine hérissé de quelques maigres touffes d'alfa, traversé par une caravane pittoresquement barbare. Dans l'autre, l'arrivée de l'eau baignant pour la première fois la profonde tranchée du canal, en présence d'un état-major d'autorités et d'ingénieurs.

La compagnie, qui veut faire bien comprendre au public l'importance et la difficulté de ses travaux, non contente des plans en relief, des modèles des machines et des vues photographiques, a, dans la rotonde placée à l'extrémité du bâtiment, fait exécuter un panorama de l'isthme même avec toute l'illusion de la nature et la magie de la perspective. Cette vue panoramique a été peinte par MM. Rubé et Chaperon, sur les dessins de M. Chapon, architecte de la compagnie.

On monte de la salle à la plate-forme abritée d'une tente où doit se tenir le spectateur, par un couloir tenu à dessein obscur, et, quand on en débouche, on est tout d'abord ébloui par l'éclat d'un ciel dont l'azur tourne au blanc, tant la lumière est intense. Vous êtes transporté subitement dans le chaud climat d'Afrique et vous croyez sentir la sueur perler à vos tempes comme si vous veniez effectivement de débarquer à Port-Saïd de quelque bateau des Messageries impériales. Le voyage n'a pas été long à faire.

Dans le coin à droite, car le panorama n'est pas complétement circulaire, on aperçoit Port-Saïd et les eaux de la Méditerranée qui s'azurent à l'horizon; plus à gauche s'étalent les flaques du lac Menzaleh, bordées de languettes de sables et tachetées d'îlots, se prolongeant sur la côte d'Afrique. On distingue les chantiers du port, les blocs de béton qui sèchent au soleil en attendant d'être immergés, les voiles blanches dans le bassin du commerce et, de l'autre côté du canal qui s'ouvre dans la mer, à Port-Saïd même, les habitations de la ville rangées parallèlement au rivage. Le lac Menzaleh enveloppe le canal qui le traverse entre ses deux berges faites de la terre retirée des excavations. Un canal franchissant une lagune comme entre deux murailles, cela est assez bizarre et n'est pas une des moindres curiosités de ce gigantesque ouvrage. Il en est ainsi sur une longueur de quarante-cinq kilomètres que le panorama abrége nécessairement. Voilà le campement d'Alkantara avec ses doubles rangées de baraques, son hôpital, situé sur un mamelon, et son pont de bateaux où passent les caravanes de Syrie. Le canal est sorti du lac Menzaleh et chemine en terre sèche, mais ce n'est pas pour longtemps, car bientôt il rencontre le lac Ballab, dépression irrégulière de terrain que l'eau remplit ou abandonne selon les époques. Là le sol s'élève et forme comme une espèce de barrage, qu'on nomme le seuil d'El Guisr, et qu'il a fallu couper pour laisser passage au canal profondément encaissé en cet endroit. On aperçoit la ville d'Ismaïlia, le chalet du directeur, et, comme un fil argenté se dirigeant à droite vers la fertile Égypte, le canal d'eau douce dont une saignée alimente la nouvelle ville; à gauche le sable infécond et brûlant étend ses ondes poussiéreuses du côté de la Syrie. Près d'Ismaïlia, on distingue le village arabe avec son bazar et sa mosquée; car, en peignant leur panorama, MM. Rubé et Chaperon ont dû oublier l'échelle de proportion vraie et donner plus d'importance aux points remarquables qu'aux espaces vagues dont la reproduction absolue eût été monotone et exigeait inutilement une toile d'une dimension énorme pour que les objets y fussent perceptibles. Le Sérapéum, — on appelle ainsi le renflement de terrain qui a empêché la mer Rouge de pénétrer plus avant dans l'isthme, — n'arrête pas les pionniers de M. de Lesseps, et, le Sérapéum franchi, le canal traverse les lacs Amers, un vaste bassin desséché, qui présente l'aspect d'une vallée aride aux teintes bleuâtres, brillantée de poudre saline et zébrée de laisses vaseuses. Dans certaines portions du bassin, les cristallisations ont pris des formes bizarres qui ressemblent à des ruines de villes ou de forteresses démantelées. Cette vaste cuvette ne contient pas moins de neuf cents millions de mètres cubes, et il faudrait près d'une année pour la remplir d'eau de mer; opération qui se fera lorsque les travaux seront achevés entièrement. Aux pionniers, avant de réjoindre la mer Rouge à Suez, s'oppose comme dernier obstacle un banc de roche d'une excessive dureté, dont on n'a raison qu'avec la mine, et qui s'étend pendant plusieurs kilomètres dans la région de Chalouf. Puis voici la plaine de Suez, au pied du Djébel-Genessé, et les dernières ondulations de l'Attaka. Des campements de travailleurs de la compagnie, pittoresquement installés, animent cette étendue sablonneuse, que traverse, son aigrette de fumée blanche au front, sur sa mince ligne de fer, un convoi venant du Caire à Suez.

Tout ce coin du panorama est d'une couleur superbe. On sait les nuances admirables que prennent au soleil les montagnes dépouillées de verdure. L'éloignement les revêt d'un manteau chatoyant, où des ombres d'azur et d'améthyste contrastent avec des lumières d'or et de rose. Ainsi mis à nu, l'épiderme de la planète a ce rayonnement d'astre que la terre doit avoir dans le ciel, vue de la lune.

Quand on sort de cette rotonde, il semble

qu'on ait fait le voyage de l'isthme, et qu'on ait passé d'une mer à l'autre sur un de ces bateaux à vapeur qui feront bientôt directement le trajet de Marseille à Calcutta.

I

SUR LE MŒRIS

Maudits soient les esprits forts ! Leurs raisonnements captieux nous ont fait, pour la première fois de notre vie, manquer à la superstition du vendredi, et le châtiment ne s'est pas fait attendre ; châtiment un peu rude pour une infraction unique. Et puis nous allions accomplir un désir bien ancien déjà et toujours remis à demain. Les tristesses du départ surmontées, nous éprouvions cette sorte de joie dangereuse qui éveille la susceptibilité des *Moires*, ces déesses jalouses, offusquées par le bonheur de l'homme, hélas ! bien rare et bien incomplet pourtant !

Nous n'avions emporté, dans un accès

d'insouciance philosophique bien contraire à notre nature, ni médaille bénite, ni bague à chaton de turquoise, ni branche de corail bifurquée, ni main en lave rose faisant le signe fatidique ou tenant un poignard. Notre seule amulette était une petite gondole vénitienne en or, pendue parmi les breloques de notre montre, souvenir charmant, mais défense insuffisante contre les influences malignes auxquelles un voyageur est exposé.

Ils étaient cependant bien beaux et bien doux, ces yeux d'un gris bleuâtre qui brillaient en face de nous, à l'angle du wagon, mais parfois, pour une raison inconnue, ils prenaient une expression sinistre et terrible comme les yeux de Christine Nilsson quand elle joue la Reine de la nuit dans la *Flûte enchantée*, de Mozart. Des pupilles d'un bleu intense plus profond que le noir marquaient le centre de ces prunelles d'acier et leur donnaient un regard de Walkyrie. Les sourcils se contractaient légèrement vers la racine du nez. Dûment averti par ces diagnostics non équivoques, nous aurions dû prendre les précautions nécessaires : étendre l'index et le petit doigt, reployer le médius et l'annulaire, et ramener le pouce vers la paume de la main. Certes, cela ne vaut pas une corne de cerf, mais le rayon nuisible est toujours, sinon coupé, au moins dévié. Dans notre aveuglement, nous négligeâmes ces moyens si simples, recommandés par la prudence napolitaine toujours en garde contre la *jettature;* avec une légèreté admirative digne d'un rationaliste, nous contemplions ces yeux fascinateurs et dangereux, à la fois si féroces et si doux.

Ce n'est pas tout : à l'instant même où nous sortions du bureau des Messageries impériales, où nous avions consigné nos bagages, un convoi funèbre débouchait sur la Cannebière, précédé des pénitents blancs horribles comme des spectres en plein midi; la tête engouffrée dans leur cagoule, ils lançaient par les trous de leurs masques des regards noirs qui semblaient venir du fond de l'éternité, et, en marchant d'un pas pressé, ils murmuraient d'une voix caverneuse les prières des morts;

sous le bord de leur froc on entrevoyait des pantalons modernes et de gros souliers ferrés. Une lumière vive et gaie éclairait ce cortége lugubre, qui traversait, comme avec une hâte de fuir la vie, les groupes de la foule affairée saluant d'un air distrait la noire voiture. Un de ces pénitents nous effleura de son suaire et nous jeta un coup d'œil étrange, et qui nous fit courir un petit frisson dans le dos.

Décidément, les présages n'étaient pas favorables, nous eussions fait sagement de retourner à la maison ; mais comme César, à qui l'on criait de prendre garde aux ides de mars, nous ne tînmes pas compte de l'avertissement. Une fausse honte nous retint, et la crainte des railleries que les philistins du bon sens ne manqueraient pas de nous adresser sur notre brusque retour à Paris, nous fit passer outre ; mais nous avions la conviction intime d'un malheur, et la voix secrète qu'on devrait toujours écouter nous disait : « Ne t'embarque pas ! »

Le *Mœris*, superbe paquebot, dont le nom

pharaonique convenait bien à un voyage ayant pour but l'Égypte, était sous vapeur, n'attendant plus que les derniers sacs de dépêches pour lever ses amarres, et nous causions sur le tillac avec un de nos anciens amis de 1830, maintenant commissaire du gouvernement près des Messageries impériales, des choses d'autrefois, de notre vie de bohème dans l'impasse de la rue du Doyenné, où nous demeurions tous ensemble gais, insoucieux, pleins de rêves et d'espérances, étonnant la vieille maison qui nous abritait de notre activité bruyante. Ces entretiens, réveillant d'anciens souvenirs, disposent à la mélancolie, et une tristesse indéfinissable, mêlée de vagues appréhensions, nous envahissait le cœur malgré nous, et la dernière phrase que nous adressâmes à notre compagnon de jeunesse, quand sonna le signal définitif du départ, fut celle-ci : « Je ne sais à quoi tient que je ne retourne à terre avec toi ; nous dînerions ensemble à la Réserve, et je prendrais le train de dix heures pour Paris ; il me semble qu'il va m'arriver malheur !»

Notre instinct était juste et notre pressentiment fut bientôt confirmé. Pour nous rassurer, nous nous disions : La terre de Kémé nous sera favorable. Dans le roman de *la Momie*, nous avons parlé avec respect des dieux de la vieille Égypte. Nous n'avons pas raillé Isis sur ses cornes de vache, ni Pascht sur ses moustaches de chatte. Devant ces dieux à tête de singe, de chien, d'épervier, de crocodile, notre sérieux ne s'est pas démenti un instant. Notre encens a fumé au bout de l'*amschir* de bronze sous les narines d'Hathor, la Vénus locale, et nous nous sommes gardé de tirer en voltairien la barbe funèbre d'Osiris. Ces antiques divinités, qu'on adorait dans des temples gigantesquement splendides, que les siècles ni les hommes n'ont pu renverser, au temps où l'Europe n'était qu'une forêt marécageuse, peuplée à peine de quelques sauvages tatoués n'ayant que des armes de silex, conserveront, malgré leur déchéance, bien assez de crédit pour protéger un pauvre poëte superstitieux contre le *fascino* et les mauvais présages.

Accompagné à distance de l'*Aréthuse*, le *Mœris* venait de gagner la haute mer; le dîner, qui réunissait des savants, des peintres, des journalistes, des médecins, des ingénieurs, des hommes du monde, une vraie élite d'intelligences, avait été d'autant plus joyeux que le temps était beau et que l'influence marine ne se faisait pas sentir encore.

Sur le pont, les étincelles des cigares brillaient comme des vers luisants, et quelques étoiles s'allumaient au ciel rembruni. Les fanaux du navire venaient d'être hissés, et, avant que l'ombre nous enveloppât tout à fait, la malencontreuse idée de descendre dans l'entre-pont afin de reconnaître notre cabine et de nous aménager pour la nuit nous fit quitter le groupe d'amis avec lesquels nous paradoxions, appuyés sur le bordage, en regardant l'eau filer. Mais, dès les premières marches de l'escalier, le pied nous manqua, et, nous relevant avec peine, tout étourdi de la chute, nous sentîmes que nous avions le bras gauche cassé près de l'épaule.

— Notre pressentiment était réalisé: nous

avions payé notre dette au sort jaloux !

Par bonheur, se trouvait sur le *Mœris* le docteur Broca, un prince de la science, comme on dit aujourd'hui, qui, avec l'aide du docteur Isambert et du médecin du bord, rajusta notre humérus fracassé, nous sangla d'un appareil aussi simple qu'ingénieux, et répara le dommage autant que possible. Le reste n'était qu'une affaire de temps et de patience. Un jeune employé des Messageries nous prêta obligeamment la cabine de la poste, plus grande et plus commode que les autres, où les passagers s'empilent sur deux étages dans des lits semblables à des tiroirs de commode. Le directeur de l'*Illustration* s'y installa avec nous pour nous tenir compagnie et nous soigner. On craignait la fièvre, mais elle ne vint pas, et le lendemain, après une nuit qu'une assez forte dose d'opium n'avait pas empêché d'être une nuit blanche, nous remontâmes sur le pont, une manche vide et pendante comme un vieux de la vieille ayant laissé son bras à Waterloo. Sans doute, nous voyant occupé à souffrir d'une autre façon, le mal de mer eut la clémence de nous épargner, et, malgré la catastrophe de la veille, nous déjeunâmes d'assez bon appétit à la table déjà dégarnie de la plupart de ses convives, car, bien que le temps fût beau, la houle se faisait assez sentir pour inquiéter les estomacs susceptibles. Il est vrai qu'il fallait nous couper notre pain et notre viande, nous verser à boire et nous donner la becquée comme à un béjaune, mais dix mains amies se tendaient aussitôt pour nous rendre ces petits services.

Après le déjeuner, on nous installa dans un de ces fauteuils articulés qui se déploient comme des chaises longues, et toujours quelque camarade se tenait près de nous pour nous distraire par des propos et nous aider à rallumer notre cigare éteint. Quelquefois, au milieu de l'entretien, le compagnon pâlissait, verdissait, réclamait du servant un verre de rhum, une tasse de thé, un citron, et finissait par disparaître. Un autre au cœur plus assuré le remplaçait.

Mais en voilà assez sur ces détails purement personnels, dont nous n'aurions pas parlé s'ils n'eussent été divulgués par les journaux. Les passer tout à fait sous silence eût été de l'affectation, insister serait fastidieux, car rien n'est plus insupportable que le *moi*, et, si parfois nous l'employons, ce n'est que pour relier une phrase à une autre et parce qu'il faut bien que les tableaux successifs dont se compose un voyage aient eu d'abord un spectateur. Nous nous réduisons autant que possible à n'être qu'un œil détaché comme l'œil d'Osiris sur les cartonnages de momie, ou celui qui arrondit ses noires prunelles à la proue des barques de Cadix et de Malte.

Les côtes avaient depuis longtemps disparu, et nous voguions sur la mer déserte, apercevant à peine à grand renfort de lorgnettes sur le bord de l'horizon une petite fumée rabattue par le vent qui trahissait l'*Aréthuse*, restée en arrière. Appuyé sur ses voiles de foc, le *Mœris* filait rapidement et sans trop de secousses ; pourtant cet indéfinissable malaise dont on n'a pas encore pu trouver le remède, envahissait la plupart des passagers, qui regagnaient leurs cabines pour essayer s'ils trouveraient quelque soulagement dans la position horizontale. D'autres restaient sur le pont pelotonnés sous leurs couvertures de voyage, n'osant affronter l'odeur écœurante et fade qu'exhale l'intérieur du navire. Cependant un groupe de jeunes femmes, au teint chaudement pâle, aux grands yeux noirs, qui semblaient allongés par le k'hol, encapuchonnées de mantes rouges ou rayées de couleurs éclatantes, formaient une espèce de décaméron abrité par la paroi du tillac, et souriaient avec une pitié légèrement moqueuse aux galanteries que des jeunes gens, comprimant à peine leurs nausées, essayaient de leur dire. Les femmes savent trouver le moyen d'être jolies et parées en mer, ce qui est difficile.

Une traversée, lorsqu'on n'aperçoit aucune terre et qu'on flotte entre le ciel et l'eau dans ce cercle d'horizon qui, n'en déplaise aux poètes, ne donne pas l'idée de l'infini, ne présente pas beaucoup de sujets de description. Les vagues s'enflent, s'avancent et se brisent, formant de ces crêtes d'écume qu'on appelle *moutons,* avec une agitation stérile et une variété monotone qui finit par lasser le regard. L'ennui vous prend malgré vous, bien qu'on se batte les flancs pour admirer les jeux de la lumière, les levers et les couchers du soleil, et les traînées de paillettes que verse la lune sur le fourmillement perpétuel des flots. On se prend à désirer quelque chose de moins vaguement immense, de plus délimité, de plus précis, où la pensée puisse se poser, comme ces oiseaux de passage qui, lassés de leur vol, s'abattent un moment, pour reprendre haleine, sur les vergues du navire.

Bientôt l'on franchit le détroit qui sépare la Corse de la Sardaigne, jetées sur la mer comme deux immenses feuilles d'arbre dentelées, et les passagers, montés sur le pont, ne manquèrent pas d'admirer le roc bizarrement taillé en forme d'ours qui semble garder la pointe de la dernière île ; mais la nuit, prompte à venir au mois d'octobre, fit disparaître les côtes dans son ombre, et, quand vint le matin, la Sardaigne sortait évanouie comme un nuage, et nous nous retrouvâmes au milieu de la solitude des flots que n'animait la présence d'aucun navire.

Vers le soir, on passa en vue des îles Lipari, mais trop loin pour distinguer autre chose que d'incertaines taches grises se confondant de loin presque avec le bleu.

A minuit, une ligne de lumière éclata dans l'obscurité. C'était le quai de Messine, s'arrondissant au fond du port. On ne s'y arrêtait que pour le service de la poste. Il fut un instant question de nous y descendre à cause de notre blessure, qui pouvait rendre le voyage d'Égypte pénible ou dangereux. Mais cette idée d'être laissé, comme Philoctète, tout seul dans une île ne nous souriait guère, car nous n'avions pas avec nous les flèches d'Hercule pour qu'Ulysse vînt nous chercher, et nous demandâmes à continuer la route, ce qui nous fut accordé après délibération de la Médecine et de l'Amitié, comme on aurait dit au dix-huitième siècle. Le sac aux dépêches emporta les lettres que nous avions écrites pour rassurer, par des autographes prouvant que nous n'étions pas mort, nos parents et les quelques personnes qui daignent encore s'intéresser à nous. Appuyé sur le bastingage, nous regardions les barques, venues de terre pour vendre aux passagers de menus objets de corail. C'était un pittoresque spectacle que ces barques dont les falots jetaient dans la mer des serpents de feu et d'où montaient toutes les vociférations de la turbulence méridionale. Rien de plus fantastique que les ombres gesticulatrices des matelots et des vendeurs attroupés au bas de l'échelle du navire.

On se remit en marche, et nous eûmes le regret de n'avoir rien vu de la ville que quelques points lumineux. Nous aurions pourtant aimé à connaître le véritable décor de la *Fiancée de Messine*, de Schiller.

Le lendemain, quand revint le jour, la côte était déjà loin, et n'apparaissait plus à l'horizon que comme une ligne de brume d'où émergeait une pointe blanche, qui était l'Etna, couvert de neige.

La journée se passa sans incident, puis la nuit, dans la haute mer. « Des flots, des flots encore ! » L'air, assez frais jusque-là, s'attiédissait sensiblement, annonçant le voisinage d'une terre chaude. Quelques silhouettes de vaisseaux se dirigeant du même côté se profilaient au bord du ciel.

Une ligne grise d'un ton opaque sortit peu à peu de l'eau. Quelques palmiers, quelques moulins à vent se dessinèrent. C'était Alexandrie.

II

ALEXANDRIE

L'approche du port a cette propriété de guérir le mal de mer mieux que les bonbons de Malte et autres panacées impuissantes. Tout le monde était sur le pont, parfaitement guéri, et regardait à grand renfort de lorgnettes le rivage qui émergeait avec rapidité.

Les édifices se dessinaient distinctement, et les palais élevaient au-dessus des maisons plus basses leurs grandes façades bleues. Quelques minarets donnaient à cette silhouette une physionomie orientale. La colonne de Pompée se dressait comme un phare avec son large chapiteau. Une faible brise faisait tourner lentement les huit ailes des moulins, dont l'aspect nous rappelait les moulins de Syra. Çà et là s'épanouissaient des dattiers, comme des plumeaux dont le manche serait planté en terre, et sur tout cela s'étendait un ciel pâle à force d'être lumineux.

Dans la rade se pressait une affluence extraordinaire de vaisseaux de toutes nations : anglais, américains, autrichiens, italiens, français, dont les pavillons faisaient briller joyeusement leurs couleurs au soleil, et qui formaient avec leurs mâtures et leurs cordages une forêt sans feuilles, à travers laquelle voltigeaient en guise d'oiseaux des matelots occupés de quelque besogne. Il y avait des navires voiliers et des bateaux à vapeur en plus grand nombre, la poésie et la prose de la

marine. Rien de plus gai qu'un pareil spectacle. L'activité humaine y paraît en tout son
jour, et à une ville qui n'a pas de port de
mer il manque toujours quelque chose. C'est
un charmant coup d'œil que tous ces vaisseaux, avec les figures sculptées et dorées de
leurs proues, les lignes peintes de leur ceinture, leur bordage de cuivre vert-de-grisé par
l'eau de mer lorsqu'ils arrivent de l'Inde ou
de la Chine, et n'ont pas encore eu le temps
de faire leur toilette ; leurs mâts aussi hauts
que des flèches de cathédrales ; leurs huniers
semblables à des balcons de minarets ; leurs
haubans qui rappellent le balancier des acro-
bates ; le délicat fouillis de leurs agrès, dont
la ténuité semble défier le pinceau ; leurs
cheminées zébrées de noir, de blanc ou de
jaune ; leurs tambours arrondis en disques ;
leurs noms inscrits à l'arrière, sur la planche
du couronnement, parfois en arabe, en grec
ou en russe ; leurs chaloupes élégamment suspendues, et tout cet ensemble de détails, si
compliqués et si précis, de choses si fortes et
en apparence si légères !

Dès que le *Mœris* eut jeté l'ancre à une assez grande distance encore du rivage, — car les navires d'un fort tonnage ne peuvent aborder directement le quai, — il se détacha de la jetée un grand nombre de barques, de canots et de bateaux à vapeur mouches. L'hospitalité du khédive venait au-devant de nous. Tout cela se hâtait et dansait sur l'eau agitée, où la lumière se brisait en mille éclats, comme sur un miroir cassé. Les uns allaient à la voile, les autres à la rame, mais le vapeur-mouche, portant à son pavillon rouge l'étoile et le croissant, les laissait aisément en arrière. On distinguait déjà dans les embarcations la variété de types et de costumes qui rend les ports d'Afrique si amusants.

Nubar-Pacha, Colutti-Dey, gouverneur d'Alexandrie, et leur suite eurent bientôt gravi l'échelle du *Mœris*. Nubar savait déjà notre accident, et il nous témoigna toute la part qu'il y prenait en nous remerciant de ne pas nous être laissé décourager par ce début fâcheux. Les politesses échangées, le transbordement des colis commença, et ce ne fut

pas une petite affaire. Malgré l'empressement
des portefaix de toutes couleurs à recevoir les
paquets que les matelots tiraient de la cale,
c'était un fourmillement tumultueux, où s'é-
changeaient des imprécations polyglottes. On
se coudoyait, on se heurtait, on s'étouffait, on
se poussait au sommet de l'échelle, au risque
de tomber dans la mer ou dans la barque, ce
qui eût été plus grave. Enfin, la cascade de
malles se modéra un peu et finit par tarir,
et nous pûmes descendre soutenu par notre
camarade. Une caisse sur la dunette nous servit de siége, et au bout de quelques minutes
nous étions à terre, sur une plage de sable.

Sur cette plage grouillait, aux rayons d'un
soleil brûlant, dont la chaleur nous enveloppa
soudain comme l'atmosphère d'une étuve,
une foule bariolée de nègres, de cophtes, de
fellahs, de barabras, de Grecs, de Maltais,
contenue à grand'peine par les employés du
khédive, jeunes gens de manières distinguées,
reconnaissables à leur tarbouch officiel, chargés d'accueillir au débarquement les invités
d'Europe et de les diriger vers leurs hôtels

respectifs. Le problème difficile à résoudre
dans cette mêlée était de ne pas se séparer de
ses malles. Vingt bras de toutes couleurs se
tendaient pour le moindre colis. Deux ou trois
gaillards herculéens se disputaient avec des
empressements furieux un carton à chapeau
ou un sac de nuit ; et celui qui était parvenu
à s'emparer d'une caisse quelconque commençait à courir vers la ville, sans savoir où
allait le voyageur. Les inspecteurs parvinrent
à modérer ce zèle excessif, et les bagages furent chargés près de leurs maîtres, sur des
calèches qui attendaient un peu plus loin. Les
cochers des races les plus diverses, les uns en
robe blanche et en turban, les autres avec la
tunique bleue et le bonnet de feutre du fellah, ceux-ci portant les larges pantalons et
le fez à houppe bleue du Grec des Îles, ceux-là
dans un costume *franc* qu'on aurait pu croire
emprunté à la garde-robe de Robert Macaire,
agitaient leur fouet, « les voyageurs, à peine
assis, partaient au galop à travers la foule
compacte qui trouvait moyen de s'entr'ouvrir aux cris des *saïs* précédant les voitures,

Nous avions beau recommander à notre cocher d'aller doucement à cause de notre bras, il modérait un instant l'allure de ses bêtes, puis il reprenait le galop, humilié d'aller au pas. Avec quelle avidité nous regardions autour de nous, saisissant au vol le moindre détail caractéristique ! Rien ne produit l'impression de ce premier coup d'œil. Alexandrie n'est pas une ville purement orientale, mais elle a plus de cachet que ne le disent les voyageurs. Malgré les formes maladroitement européennes qu'affectent les belles maisons, on sent bien qu'on est en Afrique. Ici, une porte est encadrée d'ornements sculptés dans le goût turc ; là, un moucharabieh laisse entrevoir, à travers ses fines découpures, une silhouette de femme qui regarde ; plus loin, un étage surplombe, une maison se termine en terrasse, un dattier darde au-dessus d'une muraille sa colonne surmontée d'un chapiteau de feuilles. A un coin de rue apparaît une femme masquée comme un domino ; des âniers demi-nus poussent devant eux leurs baudets, et un chameau s'avance à pas comptés, balançant son long col.

On arriva bientôt à l'hôtel d'Angleterre, dont la porte était obstruée par une émeute de calèches et de porteurs. L'ordre se rétablit peu à peu. Le logement de chaque invité était désigné d'avance, et les accommodations particulières pour ne pas séparer des groupes d'amis ou de connaissances ne furent pas longues à régler; et chacun, suivi de fellahs pliant sous les paquets et précédé de garçons d'une politesse parfaite, se dirigea vers sa chambre, en montant un vaste escalier à la rampe peinte en vert.

Notre logement encadrait dans sa large fenêtre un grand morceau de mer et un pan du ciel où voltigeaient les mouettes. Les vagues, dont le dernier pli venait se briser en écume sur les rochers au pied de l'hôtel, balançaient en ce moment quelques barques à voile dont la manœuvre nous amusait et nous consolait un peu de ne pouvoir courir la ville comme nos compagnons : non que nous ne pussions marcher, mais dans cette foule affairée, à travers cet encombrement de chevaux, d'ânes, de chameaux et de véhicules de toute espèce, nous craignions pour notre bras, si récemment raccommodé, quelque heurt fâcheux. D'ailleurs, nous devions, le lendemain même, à neuf heures du matin, prendre la voie ferrée pour le Caire, et nous avions besoin, pour réparer nos forces, d'un peu de repos sur un plancher moins mobile que celui du navire. Nous restâmes donc là, admirant le bleu glauque de la mer, assis dans notre fauteuil, jusqu'à l'heure du dîner, qui fut servi dans une immense verandah ornée de lataniers et de plantes tropicales aux larges feuilles, aérée par les brises de la rade, sur laquelle ses baies prenaient jour.

Des domestiques en habit noir, cravatés de blanc, aussi corrects de tenue que ceux de l'hôtel de la Paix, circulaient avec un empressement silencieux autour de la table, en fer à cheval, garnie de convives affamés, dont la plupart n'avaient rien mangé depuis Marseille. Ils prenaient les plats des mains des serviteurs indigènes, en robe longue et en

turban, qui les apportaient de l'office ou de
la cuisine ; de nombreuses bouteilles, coiffées de capsules en paillon brillant, plastron-
nées d'étiquettes pompeuses, et portant des
noms de grands crus, se succédaient rapidement et ne démentaient pas trop leurs illustres attributions. Chacun était visiblement
heureux de n'avoir plus devant lui une assiette fixée entre deux coulisseaux, et de pouvoir porter son verre à sa bouche sans qu'un
coup de roulis lui en fît répandre le contenu
dans sa barbe ou dans son gilet. On formait
de joyeux projets, et l'on s'enthousiasmait
d'avance pour les merveilles qu'on allait voir.
Les cigares allumés, le café pris, les voyageurs s'en allèrent par petites bandes parcourir les vieux quartiers de la ville, toujours
les plus pittoresques, et se donner le spectacle si curieux d'une ville orientale la nuit.

Tout le monde fut sur pied de bonne heure,
et chacun se lesta, qui d'une tasse de café,
qui d'un bol de bouillon ou de thé, qui d'un
morceau de viande froide, selon son appétit. Le vrai déjeuner devait avoir lieu en

route, à une station. Les calèches accoururent, et l'on se dirigea vers le chemin de fer, dont le *terminus* se trouve à l'autre bout de la ville. Dans le trajet, notre curiosité tâchait de se dédommager de ses privations de la veille. Aux maisons de ce style italien-oriental que nous devions retrouver si souvent, se mêlaient des cahutes bâties de matériaux disparates, des boutiques et des cafés, et des cabarets, historiés d'enseignes en italien, en anglais, en français, en arabe, en grec, que nos souvenirs de collége nous permettaient de déchiffrer, quand la voiture, retardée par quelque encombrement, n'allait pas trop vite. Nous suivions une nouvelle voie, récemment ouverte à travers une forêt de dattiers, dont les racines, parfois mises à nu, s'accrochaient bizarrement aux talus de la tranchée.

Quelques-uns de ces beaux arbres, ébranlés par la pioche, penchaient d'une façon hasardeuse, d'autres restaient debout comme les dernières colonnes d'un temple ruiné. Sur la chaussée, parmi des flots de poussière, passaient des files de chameaux chargés de pierres ou de cannes à sucre, trottinaient de leur pas rapide et menu, des baudets talonnés par leurs âniers ; piaffaient et galopaient des chevaux hardiment montés ; grinçaient des chars primitifs attelés de buffles ; se hâtaient des piétons ayant la plupart quelque fardeau en équilibre sur la tête, et s'agitaient des arroseurs publics aspergeant la route au moyen d'une outre, remplie d'eau, suspendue sur leurs reins par des courroies, et dont ils faisaient jaillir le contenu en la pressant. Un ciel d'une lumière éclatante, mais beaucoup moins chargé de cobalt et d'outremer que les peintres ne le représentent habituellement, s'étendait au-dessus de ce panorama, d'une nouveauté saisissante pour des yeux européens.

La gare du chemin de fer égyptien n'a rien de caractéristique et ressemble à toutes les gares de chemins de fer possible ; mais la foule qui en encombre les abords vous rappelle tout de suite que vous avez quitté l'Europe. A voir ces teints basanés, ces faces aux pommettes saillantes, au vague sourire de sphinx, ces longues robes flottantes, ces tuniques serrées autour du corps par une corde en poil de chameau, comme celles des pasteurs bibliques, ces turbans enroulés, ces calottes rouges à floches de soie, ces masques dont la barbe prolongée descend jusqu'aux genoux, on sent bien qu'on n'est pas à la gare de l'Ouest, se disposant à prendre son billet pour Auteuil, Versailles ou Saint-Germain.

C'était ce matin-là un pêle-mêle effroyable de cawas, de drogmans, de domestiques de place, d'employés du chemin de fer, d'invités et de voyageurs indigènes, dont les groupes, à chaque minute, étaient dérangés par des fellahs, portant sur leur dos des malles et des paquets énormes que retenait une cordelette nouée autour de leur front, ou par le passage des chariots d'équipe. Chacun suivait son bagage avec une inquiétude bien naturelle à travers ce prodigieux entassement. Les indications en arabe inscrites sur les murs n'étaient d'aucun secours ; le dialogue se réduisait à la simple pantomime. Mais bientôt un officier du khédive, parlant toutes les langues, intervenait et se faisait gracieusement l'interprète de l'étranger français, anglais ou allemand ; toutes les difficultés se levaient comme par enchantement, et l'ordre s'établissait parmi cette confusion inévitable.

Nous ne cherchons nullement à jeter le ridicule sur nos compagnons de voyage, nous-même nous avons dû prêter le flanc à la raillerie plus que personne, on ne se voit pas, et la paille de notre œil devient poutre dans l'œil du voisin. Mais il est difficile d'imaginer des costumes plus bouffonnement excentriques que ceux de la plupart des invités. Il y avait là pour un caricaturiste d'excellents motifs de charge. Certes, il ne faut pas se jouer d'un climat nouveau, et la plus vulgaire prudence recommande quelques précautions hygiéniques ; mais vraiment, on se dépêchait trop de les prendre. Beaucoup s'étaient équipés pour cette petite course de quatre heures en chemin de fer comme pour un voyage sur le haut Nil, au delà des cataractes, et cependant la température ne dépassait pas celle de

13.

Marseille ou d'Alger à la même époque. Les coiffures surtout, destinées à préserver de l'insolation, étaient particulièrement bizarres. Les plus ordinaires étaient des sortes de casques à double fond, en toile blanche ouatée et piquée, avec un quartier se rabattant sur la nuque comme les mailles des anciens casques sarrasins, une visière en abat-jour doublée de vert, et de chaque côté de la tête deux petits trous pour la circulation de l'air. Comme si tout cela ne suffisait pas, un voile bleu, pareil à celui que portent les sportsmen aux courses d'Ascot ou de Chantilly, s'enroulait en turban autour de ce casque prêt à se déployer à l'occasion pour préserver du hâle des visages barbus qui ne semblaient pas avoir besoin de toutes ces délicatesses. Nous ne parlerons pas des casquettes en toile écrue avec appendices préservant les joues et le col, cela est trop simple ; mais une coiffure indienne, arrangée au goût anglais, mérite une description spéciale. Figurez-vous un disque d'étoffe blanche, posé comme un couvercle au-dessus d'une calotte avec ba-

joües et garde-nuque. Les gentlemen qui s'é-
taient affublés de cette confortable invention
semblaient avoir sur la tête une ombrelle
dont le manche eût été enfoncé dans leur
crâne. Ceux-ci, d'un meilleur sentiment pittoresque, avaient adopté la couffich syrienne,
rayée de jaune, de rouge, de bleu et de violet, cerclée autour du front d'une cordelette
de passementerie, et dont les pans terminés
par de longs effilés, flottent négligemment
sur le dos. Ceux-là, moins amateurs de couleur locale, portaient le feutre mou, creusé
à son sommet d'un pli semblable à l'échan-
crure d'une montagne à deux pointes. D'autres avaient le panama à larges bords doublés
de taffetas vert ; quelques-uns, le fez du Nizam, de couleur amarante à longue houppe
de soie ; seul, un vieux savant de l'humeur
la plus aimable, dont le nom est une des gloi-
res de la chimie, avait conservé le chapeau
européen, en tuyau de poêle, l'habit noir, la
cravate blanche, les souliers à nœuds bar-
botants, disant qu'il était si habitué à ce costume, que, vêtu autrement, il se croirait nu,

et ce ne fut pas celui qui supporta le moins gaillardement les fatigues du voyage.

On pouvait remarquer aussi un grand déploiement de lunettes bleues, de lunettes à verres enfumés comme pour les éclipses, de lunettes avec des œillères se prolongeant sur les branches et s'adaptant aux tempes, et derrière lesquelles il était parfois difficile de discerner un regard ami. Les ophthalmies sont fréquentes et dangereuses en Égypte, et les histoires qu'on en raconte n'ont rien de rassurant. Si l'on s'endort fenêtre ouverte, l'on court risque de se réveiller avec un œil vidé ; c'est du moins ce que nous disait l'auteur de *Pierrot-Caïn*, qui est aussi un brillant officier de marine : « Il est vrai que cela ne fait aucun mal, » ajoutait-il en manière de consolation, avec ce sang-froid humoristique qui le caractérise.

Les cabans de flanelle blanche, avec ou sans capuchon, plus ou moins soutachés de couleurs vives, les paletots de toile, les vestons de basin ou de piqué beurre frais, les gilets de nankin ou de soie écrue à boutons fantaisistes, sanglés par de larges ceintures de laine rouge, les pantalons bouffants entrés dans des guêtres de cuir montant jusqu'au genou, les nécessaires de maroquin, les étuis de jumelles passés en sautoir, les fusils de chasse enveloppés dans leur fourreau et jetés sur l'épaule, les mac-ferlane, les couvertures bariolées, et tout ce monde gênant d'ustensiles que le voyageur croit devoir emporter avec lui, donnaient un aspect assez étrange à cette foule européenne s'agitant sur le quai du débarcadère et montant à l'assaut des waggons, au milieu de ces hommes à turban, vêtus de robes comme des femmes.

Les wagons, de fabrique anglaise, ont la caisse peinte en blanc et portent l'indication des classes en anglais et en arabe. Ceux de première classe sont divisés en larges fauteuils garnis de cuir vert ; ils ont deux plafonds, séparés par un assez grand intervalle pour que la chaleur du soleil ne fasse pas de l'intérieur des caisses de véritables fours de campagne où l'on cuirait tout vif ; une ouverture ronde forme, au centre, une sorte de puits

à air et favorise la ventilation ; des jours sont
ménagés aussi sur les côtés pour profiter de
la moindre brise ; des persiennes remplacent
les stores aux fenêtres des portières. Les caisses de seconde classe communiquent entre
elles comme celles des chemins de fer de
Suisse ; mais, détail caractéristique, au bout
du compartiment, une chambre qui se ferme
est réservée pour les femmes, comme une
sorte de harem. Nous avions déjà remarqué
cette concession à la jalousie musulmane sur
les bateaux à vapeur qui desservent les Échelles du Levant. Les troisièmes, simples tom-
bereaux recouverts d'un toit, étaient littéralement bourrées de fellahs, de barabras, de
nègres et de gens du peuple de toute nuance
et de tout âge. Ce sont eux, dit-on, qui forment le fond des recettes du chemin de fer;
ils apprécient fort cette manière de voyager,
quoique dans les places qui leur sont réser-
vées on n'ait pas fait de grands sacrifices au
confortable.

Tout le monde avait fini par se caser plus
ou moins bien. Il ne se démenait plus sur la

berge aucun retardataire éperdu. Le sifflet de la machine fit entendre ce cri strident auquel l'oreille ne peut s'habituer, et qui surprend toujours, bien qu'on s'y attende, et la locomotive, lançant un jet de vapeur, s'ébranla, entraînant le convoi, qui passait sur les plaques des trucs avec un formidable bruit de ferraille.

On était parti, et bientôt allait s'accomplir un rêve caressé par nous depuis longtemps. Nous avions tout' jeune désiré voir Venise, Grenade, Tolède, Constantinople, Moscou, Athènes et le Caire. Il ne nous manquait plus que la ville des califes, et quatre heures à peine nous en séparaient.

III

D'ALEXANDRIE AU CAIRE.

Au sortir du débarcadère, on franchit un aqueduc coupé pour le passage du railway.

Ces longues séries d'arcades, se prolongeant au loin dans la campagne, produisent toujours un effet heureux : « Un lac, c'est le contraire d'une île ; une tour, c'est le contraire d'un puits ; un aqueduc, c'est le contraire d'un pont, » dit Gubetta à madame Lucrèce, dans son style antithétique. L'aqueduc porte la rivière sur ses arches, dont le vide encadre des fuites bleues de paysage. Rien ne donne à l'horizon un aspect plus monumental. La Campagne romaine en est la preuve.

Le chemin passe d'abord sur une étroite langue de terre sablonneuse qui sépare le Baheirchma'adich, ou lac d'Aboukir, du lac Mariout, l'ancien lac Marœotis, envahi maintenant par l'eau salée. Quand on monte vers le Caire, on a le lac Mariout à sa droite et le lac d'Aboukir à sa gauche. Le premier s'étale comme une mer entre des rives si basses qu'elles disparaissent, ôtant aux yeux le moyen de mesurer la grandeur du lac, qui se fond avec la ligne de ciel.

La lumière tombait d'aplomb sur ces eaux plates, et y semait des scintillements de paillettes d'un éclat fatigant: Dans d'autres endroits, l'eau grise stagnait sur le sable gris ou prenait le blanc mat d'un paillon d'étain. On aurait pu se croire en Hollande dans les polders, longeant quelqu'une de ces mers intérieures dormantes. Le ciel était pâle comme un ciel de Van de Velde, et les voyageurs qui, sur la foi des peintres, avaient rêvé des incendies de couleurs, regardaient avec étonnement cette immense étendue absolument horizontale, d'un ton grisâtre, et où rien ne rappelait l'Égypte, telle du moins qu'on se la figure.

Du côté opposé au lac Mariout s'élevaient, au milieu de jardins d'une végétation luxuriante, les maisons de plaisance des riches négociants de la ville, des fonctionnaires et des consuls, peintes de couleurs gaies, bleu de ciel, rose ou jaune, avec des rechampis blancs; et, de loin en loin, les grandes voiles des canges allant à Fouah ou à Rosette par le canal Mahmoudich, dessinaient leurs angles au-dessus de la ligne des cultures et paraissaient cheminer en pleine terre. Cet effet bizarre, qui surprend toujours l'œil, se rencontre souvent aux environs de Leyde, de Dordrecht ou de Harlem, et dans ces contrées marécageuses où l'eau est de niveau avec le sol, et parfois, contenue par des digues, le dépasse de plusieurs mètres. Le tracé du Mahmoudieh est très-sinueux, l'ingénieur turc qui l'a creusé trouvant qu'il fallait faire les canaux comme Allah a fait les rivières.

Quand s'arrête l'eau amère, l'aspect du pays change, non par transitions graduées, mais subitement: ici l'aridité absolue, là une fertilité exubérante. Partout où l'irrigation peut amener une goutte d'eau, naît une plante. La poussière inféconde devient un terreau productif. Ce contraste est des plus frappants. Nous avions dépassé le lac Mariout, et de chaque côté du chemin de fer s'étendaient des champs de dourah, de maïs et de cotonniers à divers états de croissance, les uns ouvrant leurs jolies fleurs jaunes, les autres répandant la soie blanche de leurs coques. Des rigoles pleines d'une eau limoneuse traçaient sur la terre noire des lignes que la lumière faisait briller çà et là, alimen-

tées par des canaux plus larges dérivés du Nil.
De petites digues de terre battue facilement,
ouvertes d'un coup de pioche, retenaient
les eaux jusqu'à l'heure de l'arrosement, et,
pour l'élever à des niveaux supérieurs, les
roues grossières des saqquiehs tournaient
mises en mouvement par des buffles, des
bœufs, des chameaux ou des ânes. Quelquefois même, deux robustes gaillards tout nus,
fauves et luisants comme des bronzes floren-
tins, debout sur le bord d'un canal, balançant
comme une escarpolette une corbeille de
sparterie imperméable suspendue à deux
cordes dont ils tenaient les extrémités, effleu-
raient la surface de l'eau et l'envoyaient dans
le champ voisin avec une dextérité étonnante.
Des fellahs, en courte tunique bleue, labou-
raient tenant le manche d'une charrue primitive, attelée d'un chameau et d'un bœuf à
bosse du Soudan. D'autres ramassaient le
coton et les râpes de maïs; ceux-ci creu-
saient des fossés, ceux-là traînaient des branches d'arbres en manière de herse sur les
sillons, quittés à peine par l'inondation.

C'était partout une activité qui ne s'accorde guère avec la traditionnelle nonchalance orientale.

Les premiers villages de fellahs qu'on rencontre à droite et à gauche du chemin vous causent une singulière impression. Ce sont des amas de cahutes en briques crues, reliées par de la boue, à toit plat, parfois surmontées d'une sorte de tourelle plâtrée de chaux pour les pigeons, et dont les murs en talus rappellent vaguement la forme d'un pylone égyptien tronqué. Une porte basse comme celle d'un tombeau, deux ou trois trous percés dans la muraille, voilà toutes les ouvertures de ces huttes, qui semblent plutôt l'ouvrage des termites que celui des hommes. Souvent la moitié du village, si l'on peut donner ce nom à de pareils tas de terre, s'est écroulé dissous par la pluie ou miné par l'inondation ; mais le mal n'est pas grand : avec quelques poignées de boue où l'on noie les décombres qui peuvent encore servir, la maison est bientôt rebâtie, et cinq ou six jours de soleil suffisent pour la sécher et la rendre habitable.

Cette description, d'une scrupuleuse exactitude, ne donne pas une idée bien séduisante d'un village fellah. Eh bien, plantez à côté de ces cubes de terre grise un bouquet de dattiers, agenouillez un ou deux chameaux devant ces portes, semblables à des ouvertures de terriers, faites-en sortir une femme drapée de sa longue chemise bleue, tenant un enfant par la main et portant une amphore sur la tête, faites glisser sur tout cela un rayon de soleil, et vous aurez un tableau plein de charme et de caractère, qui ravirait tout le monde sous le pinceau de Marilhat.

Une remarque qui se présente à l'esprit du voyageur le moins attentif, dès ses premiers pas dans cette basse Égypte où, depuis un temps immémorial, le Nil accumule son limon par minces couches, c'est l'intimité profonde du fellah avec la terre. Le nom d'autochthone est véritablement celui qui lui convient : il sort de cette argile qu'il foule ; il en est pétri et s'en dégage à peine. Comme un enfant le sein de sa nourrice, il la manipule, il la presse, pour faire jaillir de cette brune

mamelle le lait de la fécondité. Il s'enfonce
jusqu'à mi-corps dans cette vase fertile, il la
fouille, il la remue, l'arrose, la dessèche,
selon qu'il est besoin, y trace des canaux, y
lève des chaussées, y puise le pisé dont il bâtit
sa demeure éphémère, et dont il cimentera
son tombeau. Jamais fils respectueux n'eut
plus de soin de sa vieille mère; il ne s'en
sépare pas comme ces enfants vagabonds qui
délaissent le toit natal pour aller chercher
les aventures; toujours il reste là, attentif au
moindre besoin de l'antique aïeule, la terre
noire de Kémé. Si elle a soif, il lui donne à
boire; si trop d'humidité la gêne, il la dé-
rive; pour ne pas la blesser, il la travaille
presque sans outils, avec ses mains; sa charrue ne fait qu'effleurer la peau tellurique,
recouverte chaque année d'un nouvel épiderme par l'inondation. A le voir aller et
venir sur ce sol détrempé, on sent qu'il est
dans son élément. Avec son vêtement bleu,
qui ressemble à une robe de pontife, il pré-
side à l'hymen de la Terre et de l'Eau. Il
unit les deux principes qui, échauffés par le

soleil, font éclore la vie. Nulle part cet accord de l'homme et du sol n'est plus visible ; nulle part la terre n'a plus d'importance. Elle étend sa couleur sur toute chose : les maisons revêtent cette teinte, les fellahs s'en rapprochent par leur teint bronzé, les arbres, saupoudrés d'une fine poussière, les eaux, chargées de limon, se conforment à cette harmonie fondamentale. Nous faisions ces réflexions en traversant au galop de la locomotive cette vaste plaine brune, et nous nous disions que, pour la peindre, l'artiste n'aurait besoin sur sa palette que de cette couleur qu'on appelle précisément *momie*, avec un peu de blanc et de bleu de cobalt pour le ciel. Les animaux eux-mêmes portent cette livrée : le chameau fauve, l'âne gris, le buffle bleu d'ardoise, les pigeons cendrés et les oiseaux roussâtres rentrent dans le ton général.

Ce qui surprend aussi, c'est l'animation qui règne dans la campagne. Sur les chaussées qui bordent les canaux et traversent les portions inondées, circule tout un monde de passants et de voyageurs. Aucune route de France, même aux abords d'une ville populeuse, n'est aussi fréquentée. Les Orientaux ne restent guère à la maison, et le moindre prétexte leur suffit pour se mettre en marche, d'autant plus qu'il n'y a pas à s'inquiéter, comme chez nous, de la température. Le baromètre est arrêté au beau fixe, et la pluie est un accident si rare, qu'on serait heureux d'être mouillé.

Rien de plus amusant, de plus varié et de plus instructif que cette procession de types qui vont à leurs affaires, et qui s'encadrent tour à tour dans le carreau du wagon comme dans un passe-partout dont on renouvellerait incessamment les gravures ou les aquarelles.

D'abord ce sont des chameaux qui s'avancent d'un air résigné et mélancolique, avec leur pas d'amble et leur balancement de col, animaux étranges, dont les formes gauches rappellent les essais des créations disparues. Sur la bosse du premier est juché, une jambe croisée sur l'autre, le conducteur en turban, aussi majestueux qu'Éliézer, serviteur d'Abraham, allant en Mésopotamie chercher une épouse pour Isaac. Il s'abandonne avec une souplesse nonchalante aux réactions rudes, mais régulières, de l'animal, quelquefois fumant un chibouck comme s'il était assis à la porte d'un café, ou pressant la marche ralentie de sa monture.

Les chameaux ont le goût et l'habitude d'aller à la file, et une corde en rattache ordinairement cinq ou six, ou même davantage. La caravane chemine ainsi, découpant sa bizarre silhouette sur les lignes plates de l'horizon, et paraît, faute d'objet de comparaison, d'une grandeur énorme. Sur les flancs de la file trottent, d'un pied agile, trois ou quatre jeunes garçons armés de baguettes, car en Orient ce ne sont jamais les palefreniers ni les écuyers qui manquent aux bêtes de somme. Parmi ces chameaux, il y en a de roux, de café au lait, de bruns et même de blancs, mais le fauve est la couleur la plus fréquente ; ils portent des pierres, du bois, des herbes retenues par un filet de sparterie, des bottes de canne à sucre, des coffres, des meubles et tout ce qu'on chargerait chez nous sur des charrettes. On se croyait tout à l'heure en Hollande, en longeant ces vastes étendues de terrain submergées ; mais le chameau, en passant sur la berge du canal, a bientôt dissipé cette illusion. On sent bien qu'on approche du Caire, et non d'Amsterdam.

Ensuite viennent des cavaliers chevauchant des bêtes maigres, mais pleines de feu, des troupeaux de petits ânes portant au bout de leur croupe, presque sur la queue, leurs maîtres dont les jambes traînent à terre, prêtes à reprendre pied en cas de chute ou de rébellion de la maligne bourrique, à laquelle prend souvent le caprice de se rouler dans la poussière au milieu du chemin. L'âne, en Orient, n'est ni méprisé ni ridicule comme en France ; il a conservé sa noblesse homérique et biblique, et chacun l'enfourche sans honte, le riche comme le pauvre, le vieillard comme l'adolescent, la femme comme l'homme.

Mais voici un groupe charmant qui chemine le long du canal. Une jeune femme, enveloppée d'un long manteau bleu, dont les plis se drapent chastement autour d'elle, est montée sur un âne que guide avec sollicitude un homme vigoureux encore, mais dont la barbe est déjà mélangée de gris et de blanc. Devant la mère, qui le soutient d'une main, est placé un enfant nu, d'une exquise beauté, tout heureux et tout amusé du voyage.

C'était un tableau de la *Fuite en Égypte* tout fait, il ne manquait aux personnages que le fin cercle d'or au-dessus de la tête. La Vierge, l'enfant Jésus et saint Joseph devaient avoir ce caractère, et les choses se sont passées ainsi dans la réalité vivante et naïve ; leur équipage n'était pas beaucoup plus riche. Quel dommage qu'un grand peintre, un Pérugin, un Raphaël ou un Albert Durer ne se soit pas trouvé là !

Wilhelm Meister, dans les *Années d'apprentissage et de voyage*, fait une semblable rencontre qui lui inspire des réflexions analogues, mais nous doutons que les voyageurs de la montagne ressemblassent autant à leurs divins prototypes.

Damenhour, que traverse le chemin de fer, a un aspect qui ne doit pas différer beaucoup de celui des anciennes villes d'Égypte englouties maintenant sous le sable, ou simplement retombées en poussière. De grands murs en talus, faits de briques crues ou de pisé gardant la couleur de la terre, l'entourent, pareils à des soubassements de temple. Les maisons, terminées en terrasses, s'élèvent les unes au-dessus des autres comme un entassement de cubes ponctués de petits trous noirs. Quelques pigeonniers, aux coupoles blanchies de chaux, un ou deux minarets rayés de blanc et de rouge, donnaient seuls à cette ville de physionomie antique la date moderne de l'islam. Du haut des terrasses, attirées sans doute par le passage du train, des femmes, accroupies sur des nattes ou debout dans leurs longues draperies de couleurs éclatantes, regardaient. Se profilant sur la ligne du ciel, elles prenaient une élégance et une sveltesse rares. On eût dit des statues plantées sur le couronnement des édifices ou le fronton des temples.

Le train, qui s'arrêta, fut aussitôt envahi par une bande de femmes et d'enfants offrant aux voyageurs de l'eau fraîche, des oranges, des bigarrades, des pâtisseries au miel, et c'était un plaisir de voir ces brunes figures apparaître à la portière du wagon, montrant leurs dents blanches dans un large sourire. Le sifflet de la locomotive poussa une note perçante, et l'on se remit en marche. Nous aurions bien voulu rester quelque temps à Damenhour, mais le voyage, comme la vie, se compose de sacrifices. Que de choses charmantes, si l'on veut arriver au but, est-on forcé de laisser sur les bords de la route ! Tout voir, Dieu seul le peut; l'homme doit se contenter de voir quelque chose ! Il nous fallut donc quitter Damenhour, et contempler de loin ce rêve sans nous y promener.

Autant que notre vue, aidée de la lorgnette, pouvait s'étendre, la campagne se prolongeait jusqu'à la ligne d'horizon, coupée de canaux, quadrillée de rigoles, brillantée de flaques d'eau, parsemée de bouquets de sycomores ou de dattiers, rayée de cultures,

accidentée de saqquiehs, et animée par un
perpétuel va-et-vient de travailleurs et de
passants suivant à chameau, à cheval, à âne,
à pied, les étroites chaussées bordées de roseaux. De loin en loin s'arrondissait, à l'ombre
d'un mimosa, la coupole blanche d'un marabout. Parfois un enfant nu se tenait immobile au bord de l'eau, dans une pose de rêverie
inconsciente, se laissant pénétrer par la
grande nature, et ne détournant même pas
la tête pour regarder le convoi fuir à toute
vapeur. Cette gravité profonde dans l'enfance
est particulière à l'Orient. Quelle pensée pouvait occuper ce gamin debout sur sa motte de
terre comme un stylite sur sa colonne ?

De temps en temps, des vols de pigeons,
occupés à picorer, partaient d'un brusque
essor au passage du convoi, pour s'aller poser
un peu plus loin dans la plaine ; des oiseaux
aquatiques filaient à travers les joncs, les
pattes tendues en arrière ; de gentilles ber-
geronnettes sautillaient, hochant la queue
sur la crête des levées, et dans le ciel, à de
grandes hauteurs, planaient des éperviers,

des milans, des gypaëtes traçant d'immenses cercles ; des buffles se vautraient dans la vase des fossés, et des troupeaux de moutons noirs, à oreilles pendantes, presque semblables à des chèvres, se hâtaient sous le bâton de leurs bergers. Ces jeunes pâtres, avec leurs courtes tuniques blanches ou d'un bleu passé au soleil, leurs jambes nues, leurs pieds chaussés de poussière grise, leurs calottes de feutre, leur pédum recourbé, nous faisaient penser, par l'antique simplicité du costume, aux scènes patriarcales de la Bible.

Les tasses de café et de thé étaient digérées depuis longtemps, lorsque cette bonne nouvelle se répandit dans les wagons qu'à la station prochaine nous attendait le déjeuner préparé par l'hospitalité du vice-roi. En effet, le train s'arrêta, et tout le monde descendit, envahissant la salle du festin. Notre place marquée à côté de notre ami, qui avait la complaisance de nous couper les morceaux sur notre assiette, opération impossible avec une seule main, nous courûmes, en attendant qu'on servit, regarder le paysage autour de la station.

A peine avions-nous fait quelques pas, qu'un spectacle magique surprit nos yeux émerveillés : nous avions devant nous le Nil, le vieil Hopi Mou, pour lui donner son antique nom égyptien, l'inépuisable père des eaux, le fleuve mystérieux dont tant de voyageurs, depuis l'antiquité jusqu'à nos jours, ont inutilement cherché à pénétrer le secret, l'énigme liquide, cachant toujours plus loin ses sources problématiques par delà les marécages et les lacs, dans les montagnes de la Lune, au sein même de cet insondable continent africain, que connaissent seuls les éléphants, les rhinocéros, les girafes, les lions, les singes et les nègres. Par une de ces impressions plastiques involontaires qui dominent l'imagination, le mot Nil éveillait dans notre esprit l'idée de ce colossal dieu de marbre nonchalamment accoudé dans une salle basse du Louvre, et se laissant escalader avec une mansuétude paternelle par ces petits enfants qui représentent des coudées, et figurent les phases de l'inondation.

Eh bien! ce n'est pas sous cet aspect mythologique que le fleuve sacré nous est apparu pour la première fois. Il coulait à pleins bords, largement étalé, comme un torrent de limon, rougeâtre de couleur, ayant à peine l'apparence de l'eau avec un gonflement irrésistible et une rapidité épaisse. On eût dit un fleuve de terre. A peine si le reflet du ciel mettait çà et là sur le luisant de ses vagues tumultueuses quelques légères touches d'azur. Il était alors en pleine crue; mais ce débordement avait la puissance tranquille d'un phénomène bienfaisant et régulier, et non le désordre convulsif d'un fléau. Cette immense nappe d'eau chargée de vase féconde produisait, par sa majesté, une impression presque religieuse. Que de civilisations évanouies reflétées un instant dans ce flot qui coule toujours! Nous restions là pensif, oubliant le déjeuner, absorbé, et ressentant cette vague angoisse qu'on éprouve après le désir accompli, lorsque la réalité se sublitue au rêve. Ce que nous voyions était bien le Nil, le vrai Nil, ce fleuve que tant de fois nous nous étions efforcé de découvrir avec l'œil de l'intuition. Une sorte de stupeur nous clouait sur la rive : c'était pourtant chose toute simple que de trouver le Nil, en Égypte, au milieu du Delta. Mais l'âme a de ces étonnements naïfs !

Des dahahbiehs et des canges, orientant leurs grandes voiles en ciseaux, couraient des bordées sur le fleuve, et traversaient d'une rive à l'autre, rappelant la forme des *barris* mystiques au temps des Pharaons.

IV

D'ALEXANDRIE AU CAIRE (SUITE)

Lorsque nos yeux furent rassasiés de ce spectacle grandiose, notre estomac, qui avait eu la déférence de se taire par égard pour la poésie, réclama prosaïquement ses droits et nous ramena mourant de faim à la salle à manger de la station. Notre bon camarade

Auguste Marc nous découpa complaisamment, les mets sur notre assiette et nous servit du *bras gauche*, ce jour-là comme dans tout le reste du voyage, avec une fidélité et une patience qui ne se démentirent jamais. Cette position de manchot temporaire nous fit découvrir que la main droite n'était au fond qu'une intrigante, une faiseuse d'embarras, qui prenait toute la gloire pour elle et reléguait injustement dans l'ombre son humble sœur, dont la désignation même est une sorte d'injure. La main droite ne peut presque rien faire sans l'aide de la main gauche ; réduite à elle seule, elle est comme paralysée. Elle ressemble à ces dramaturges célèbres dont le nom s'inscrit en grosses lettres sur l'affiche, tandis qu'on omet celui de l'obscur collaborateur qui a fait en réalité les trois quarts de la besogne.

L'on pourrait encore comparer les rôles des deux mains à ceux de Marthe et de Marie dans l'Évangile. Marie verse des parfums sur les pieds du Seigneur, Marthe vaque au soins du ménage, et, quoique Jésus ait dit que

Marie avait la meilleure part, il ne faut pas dédaigner Marthe qui s'occupe modestement de la cuisine. Cette justice rendue à la main gauche, dont on ne fait pas assez de cas, revenons à notre déjeuner qui était abondant et délicat, bien servi, et arrosé de tout ce qui peut se boire, depuis le bordeaux-laffitte jusqu'au pale-ale, depuis le soda-water jusqu'à l'eau du Nil filtrée et rafraîchie dans des gargoulettes de Thèbes, — la première eau du monde, à laquelle nous ne trouvons de comparable que l'eau du puits de *los Algives* de l'Alhambra.

. Malgré cette excellence, nous devons avouer que la plupart des voyageurs parurent préférer le vin de Sauterne ou le saint-émilion, n'étant pas de l'avis de ces califes qui se faisaient apporter à grands frais de l'eau du Nil jusqu'à Bagdad, mettant ce *cru* au-dessus de tout autre. Le café pris, on se remit en route. L'aspect du pays était toujours le même. Les cultures de coton, de maïs et de dourah s'étendaient à perte de vue ; çà et là brillaient les parties recouvertes

par l'inondation ; des buffles bleuâtres se
roulaient dans des mares et s'y cuirassaient
de vase ; des oiseaux aquatiques se tenaient
au bord des flaques d'eau, et parfois s'envo-
laient au passage du train, que des familles
de fellahs, accroupies au rebord des fossés,
regardaient passer. Sur le chemin défilait
l'interminable procession de chameaux, de
mulets, d'ânes, de bœufs, de chèvres noires
et de piétons, qui donnent une si extraordinaire animation à ce placide paysage ho-
rizontal. Nous avions déjà remarqué en
Hollande l'importance que prennent les
figures dans les pays plats. L'absence de tout
accident de terrain les fait dominer, et,
comme elles se découpent habituellement sur
le ciel, elles en prennent plus de grandeur.
Il nous semblait voir marcher ces zones de
bas-reliefs colorés, représentant des scènes
d'agriculture, qui parfois décorent les chambres des tombeaux égyptiens. De loin en loin
s'élevaient des villages ou des espèces de
fermes dont les murailles de terre grise, in-
clinées en talus, rappelaient la forme du

soubassement des temples antiques et donnaient de belles lignes. Quelques masses d'arbres, sycomores ou mimosas, rehaussées par un bouquet de dattiers, en faisaient valoir les teintes douces, par l'opposition de leurs verdures vigoureuses. D'autres fois, c'étaient des cabanes de fellahs surmontées de pigeonniers crépis de chaux, et posés l'un à côté de l'autre comme des ruches d'abeilles ou les minarets d'une mosquée en miniature. Nous arrivâmes bientôt à la station de Tantah, ville assez importante, où la belle mosquée de Seid-Ahmed et Badouy attire trois fois par an les pèlerins, et où se tiennent des marchés fréquentés par les caravanes.

Tantah, vue de la station du chemin de fer, — car le temps d'arrêt n'est pas assez long pour qu'on puisse visiter la ville, — présente un aspect animé et pittoresque. Aux maisons de style arabe, avec leurs moucharabiehs et leurs manches d'air en forme d'auvent, se mélangent ces constructions de style italien orientalisé qu'affectionnent les partisans du progrès et des idées nouvelles, mais qui font le désespoir de l'artiste, étalant leurs façades badigeonnées de couleurs tendres, ocre, saumon ou bleu de ciel, les cahutes de pisé à toits plats, le tout dominé par les minarets de la mosquée et les coupoles blanches de quelques marabouts; ajoutez à cela l'accompagnement obligé de figuiers de Pharaon et de palmiers jaillissant au-dessus des murailles basses des jardins. Entre la ville et la station s'étend un terrain vague, comme une sorte de champ de foire occupé par des campements, des gourbis en roseaux ou en branches de dattiers, des tentes faites de vieux lambeaux de toiles et quelquefois de la bande d'un turban déployée.

Le ménage de ces frêles habitations se fait en plein vent. Sur un petit feu de fiente de chameau, le café se fait tasse par tasse, dans une petite bouilloire de cuivre jaune, et sur des plaques de tôle cuisent les minces galettes de dourah. Les cannes à sucre sont coupées en morceaux, dont les fellahs sucent avidement le jus douceâtre, et les pastèques éventrées montrent, dans leur peau verte, leurs entrailles d'un rose vif, ponctuées de pepins noirs. Les femmes vont et viennent, retenant le bout de leur voile avec les dents, de manière à se masquer la moitié de la figure, et portent sur leur tête des gargoulettes de Thèbes ou des vases de cuivre, avec des élégances et des galbes de statue, tandis que les hommes, accroupis à terre ou sur d'étroits tapis, les genoux au menton et formant un angle aigu comme les articulations reployées des sauterelles, dans une pose impossible à tout Européen, et rappelant ces juges de l'Amenthi rangés par files les uns derrière les autres sur les papyrus des rituels funéraires, gardent cette immobilité rêveuse si chère aux Orientaux, quand ils n'ont rien à faire, car le mouvement, sans autre but que de se donner de l'exercice, comme l'entendent les chrétiens, leur paraît de la folie pure.

Des dromadaires, agenouillés sous leur charge, allongent leurs longs cols sur le sable, immobiles sous le soleil cuisant, isolés ou groupés en rond ; des ânes, dont quelques-

uns très-coquettement harnachés d'une selle
de maroquin rouge relevée en bosse sur le
garrot et d'une têtière à poupons, et d'autres
avec un bât fait d'un bout de tapis, attendaient les voyageurs du chemin de fer qui
s'arrêteraient à Tantah, pour les transporter
du débarcadère à la ville. Les âniers, en
courte tunique bleue ou blanche, les jambes
et les bras nus, coiffés de la calotte en feutre,
une baguette à la main et semblables à ces
sveltes figures de bergers ou d'éphèbes des-
sinées si légèrement autour de la panse des
vases grecs, se tenaient près de leurs bourri-
quets avec une pose indolente, qu'ils quit-
taient bientôt si une probabilité de pratique
s'écartant de la station s'avançait de leur
côté ; c'étaient alors des gesticulations for-
cenées, des cris gutturaux et des bousculades
de compétition où le malheureux touriste
risquait fort d'être mis en pièces ou de laisser la meilleure partie de ses vêtements.
Quelques chiens errants, de pelage fauve,
à oreilles de chacal, bien déchus de leur
ancienne position, et qui n'avaient pas l'ai-

de se souvenir qu'ils comptaient parmi leurs aïeux l'aboyeur Anubis « *latrator Anubis* », se promenaient entre les groupes, mais sans prendre le moindre intérêt à ce qui s'y passait.

Les liens qui, en Europe, rattachent le chien à l'homme, n'existent pas en Orient. Son instinct social n'a pas été développé, on n'a fait aucun appel à ses sympathies : il n'a pas de maître et vit à l'état sauvage, au milieu de la civilisation. On ne lui demande pas de services, mais on n'en prend pas soin. Il n'a pas de domicile et demeure dans des trous qu'il creuse, à moins qu'il ne s'établisse au fond de quelque tombeau entr'ouvert. Nul ne s'inquiète de sa nourriture, et il y pourvoit lui-même, se repaissant de charognes et de détritus sans nom. Il y a un proverbe qui dit que les loups ne se mangent pas entre eux : les chiens d'Orient sont moins scrupuleux, ils dévorent très-bien leurs confrères malades, blessés ou morts. Cela nous semble singulier de voir des chiens qui ne font aucune avance, qui ne recherchent pas les caresses et gardent leur quant-à-eux avec une fierté mélancolique.

Autour des wagons circulaient des fillettes en robe bleue et des petits nègres en tunique blanche, offrant des pâtisseries, des galettes, des bigarrades, des limons et des pommes. Oui, des pommes : on paraît goûter beaucoup, en Orient, cet acide fruit du Nord qui, en compagnie de mauvaises poires granuleuses, fait partie de tous les desserts, où jamais ne paraissent, bien entendu, ni les grenades, ni les bananes, ni les dattes, ni les oranges, ni les figues de Barbarie, ni aucune des productions indigènes, abandonnées sans doute au bas peuple.

Le sifflet de la locomotive lança son râle aigu, et la vapeur nous emporta de nouveau à travers ce Delta toujours humide et verdoyant. Cependant, à mesure qu'on avançait, apparaissaient à l'horizon des zones de terrains roses d'où la vie végétale avait complétement disparu. Le sable du désert s'avance avec ses vagues stériles comme celles de la mer, éternel jouet des vents, rongeant,

comme un écueil qu'il s'efforce de recouvrir,
l'îlot de terre cultivée, entouré et battu
d'une écume poussiéreuse. En Égypte, tout
ce qui reste au-dessus du niveau de l'inondation est frappé de mort. Il n'y a pas de
transition ; où cesse Osiris, Typhon commence. Ici la plus luxuriante végétation ; là,
pas une pointe d'herbe, pas une plaque de
mousse, pas une de ces plantes folles qui se
hasardent dans la solitude et l'abandon ;
c'est du grès pilé sans mélange de terre. Eh
bien ! qu'une goutte d'eau du Nil y tombe,
et ce sable aride verdoiera aussitôt. Ces zones,
couleur de saumon pâle, faisaient un heureux contraste de ton avec les teintes vigoureuses de la grande plaine de verdure étalée
devant nos yeux.

Bientôt nous rencontrâmes un autre bras
du Nil, la branche phanitique, qui se jette
dans la mer près de Damiette ; le chemin de
fer la traverse, et de l'autre côté se trouvent
les ruines de l'ancienne Athrybis, auxquelles s'est superposé un village fellah. Le train
marchait rondement, et bientôt vers la droite,

au-dessus d'une ligne de verdure presque
noire sous l'éblouissante lumière, se dessine,
lointaine et teintée d'azur, la silhouette
triangulaire des pyramides de Chéops et de
Chéfren, pareilles, vues de cette distance, à
une montagne unique, échancrée par le
sommet. La parfaite transparence de l'air les
rapprochait, et il eût été difficile, si on ne
l'avait su, d'apprécier avec justesse l'intervalle qui nous séparait. Apercevoir les pyramides en approchant du Caire, rien de plus
naturel : on devait s'y attendre et l'on s'y
attend ; et pourtant l'on éprouve une émotion
et une surprise extraordinaires. On ne saurait
s'imaginer l'effet produit par cette silhouette
vaporeuse, si légère de ton qu'elle se con-
fondait presque avec la couleur du ciel et
que, n'étant pas prévenu, on aurait pu ne
pas apercevoir. Ces montagnes factices, les
monuments les plus énormes que l'homme
ait élevés, après Babel peut-être, depuis plus
de cinq mille ans, — presque l'âge du monde,
selon la Bible, — ni les années, ni les barbaries n'ont eu la puissance de les renverser ;

notre civilisation même, avec ses énergiques moyens de destruction, y parviendrait à peine.

Les pyramides ont vu, sur leurs larges bases, les siècles et les dynasties passer comme des vagues de sable, et le sphinx colossal, à la face camarde, sourit toujours à leurs pieds de son sourire ironique et mystérieux. Éventrées, elles ont gardé leur secret et n'ont livré que des ossements de bœuf, auprès d'un sarcophage vide. Des yeux fermés depuis si longtemps que l'Europe n'était peut-être pas encore émergée du déluge, lorsqu'ils contemplaient la lumière, les ont regardées de la place où nous sommes. Elles ont été contemporaines d'empires disparus, de races d'hommes étranges balayées de la terre. Elles ont vu des civilisations qu'on ignore, entendu des langues qu'on cherche à deviner sous les hiéroglyphes, connu des mœurs qui nous paraîtraient chimériques comme un rêve. Elles sont là depuis si longtemps, que les étoiles ont changé de place ; et leurs pointes s'enfoncent dans un passé si prodigieusement fabuleux, que derrière elles il semble qu'on voie luire les premiers jours du monde.

Tout en faisant ces réflexions, nous approchions rapidement du Caire, — de ce Caire dont nous avions si souvent parlé avec ce pauvre Gérard de Nerval, avec Gustave Flaubert, avec Maxime Du Camp, qui, par leurs récits, excitaient et enfiévraient notre curiosité. — On se fait, des villes que dès l'enfance on a souhaité voir et que l'on a longtemps habitées en rêve, un plan fantastique bien difficile à effacer, même quand on se trouve en face de la réalité; la vue d'une gravure, d'un tableau en est souvent le point de départ. Nous, notre Caire, bâti avec les matériaux des *Mille et une nuits*, se groupait autour de la *place de l'Esbekich* de Marilhat, un tableau singulier et violent que l'artiste avait envoyé d'Égypte à l'une des premières expositions qui suivirent la révolution de Juillet. Si notre mémoire ne nous fait pas défaut, c'était son début; et, à quelque perfection qu'il soit arrivé ensuite, nous ne croyons pas qu'il ait jamais fait une peinture plus vivace, plus étrange et plus originale. Cette *place de l'Esbekieh* fit sur nous une impression profonde et bizarre. Nous retournâmes au salon vingt fois pour la voir; nous ne pouvions en détacher nos yeux, et elle exerçait sur nous une sorte de fascination nostalgique.

Ce tableau, qui éteignait autour de lui les toiles représentant une nature plus sobre, était d'une incroyable férocité de couleur. Sur un ciel d'un bleu cru, dont l'outremer tournait à l'indigo, se découpaient deux arbres immenses de l'espèce *mimosa Nilotica*, avec un pied monstrueux qu'on aurait cru fait d'une botte de colonnes tordues, et des branches qui étaient elles-mêmes d'énormes troncs formant des coudes bizarres et portant des masses de feuillage à couvrir une forêt. Ces deux arbres occupaient à eux seuls presque tout le cadre et, sous l'ombre qu'ils projetaient, on entrevoyait dans l'obscurité bleuâtre une « sakkieh » manœuvrée par des buffles, une femme ayant une cruche d'eau sur la tête, divers personnages accroupis, et un Arabe juché sur un chameau. Plus loin, vers la gauche, s'épaulaient les unes contre les autres, dans tout le laisser aller oriental, les maisons arabes qui bordent la place, avec leurs moucharabiehs, leurs étages en surplomb, leurs encorbellements soutenus de poutrelles, et tous les détails caractéristiques que n'avait pas encore émondés le progrès, ami des lignes droites et des surfaces planes. Un palmier levait au-dessus des maisons son plumeau de feuilles, et derrière les arbres, sous la voûte de leur feuillage, on entrevoyait une autre rangée de bâtiments formant le fond de la place et surmonté d'un minaret. A droite se dessinaient, servant de fond à la ligne des Okkels, les escarpements du Mokattam. Une lumière terrible, aveuglante, se déversait comme des cuillerées de plomb fondu sur tout le premier plan.

C'était de là que nos rêves partaient pour aller faire des tournées fantastiques dans les rues étroites de l'ancien Caire, autrefois fréquentées par le calife Haroun al Raschid

et son fidèle vizir Giaffar, sous des déguise-
ments d'esclave ou d'homme du peuple.
Notre amour pour ce tableau était si connu,
que la famille de Marilhat, dont nous avions
été l'ami, nous donna après la mort du célèbre artiste le dessin au crayon, fait sur
place, qui avait servi d'étude pour la toile
peinte.

Nous étions arrivé : un tumulte prodigieux
de calèches, d'ânes, d'âniers, de portefaix,
de domestiques de place, de drogmans, faisait comme une émeute devant le débarcadère du railway, qui aboutit près de Boulak,
à une petite distance du vieux Caire. Lorsque
le débrouillement des bagages fut terminé,
qu'on nous eut installé avec notre ami dans
une belle voiture découverte précédée d'un
« saïs », ce fut avec un secret ravissement
que nous entendîmes la providence égyptienne qui veillait sur nous, en uniforme du
nizam et en fez amarante, dire à notre cocher : « Hôtel Sheppeard, place de l'Esbekieh. » On nous logeait dans notre rêve!

V

LA PLACE DE L'ESBEKIEH

Au bout de quelques minutes, la voiture s'arrêta devant le perron de l'hôtel Sheppeard, espèce de terrasse recouverte d'une verandah et garnie de chaises et de canapés de l'usine Tronchon, pour la commodité des voyageurs désirant prendre le frais. Le maître, ou plutôt le directeur de l'hôtel, M. Gross, nous accueillit avec empressement, et nous fit donner une belle chambre, très-haute de plafond, meublée de deux lits enveloppés de moustiquaires et dont la fenêtre donnait sur la place de l'Esbekieh.

Nous ne nous attendions pas à trouver devant nous le tableau de Marilhat, sans cadre et seulement grandi par les proportions de la réalité. Les récits des touristes revenus d'Égypte depuis peu nous avaient appris que la place de l'Esbekieh ne présentait plus le même aspect qu'autrefois, alors que les eaux du Nil en faisaient un lac au temps des crues et qu'elle conservait encore son pur cachet arabe.

On en a fait un grand square à l'européenne, divisé par de larges voies en compartiments réguliers, bordées de légères palissades de roseaux ou de nervures de palmiers, qu'on espère vendre pour y bâtir des maisons à peu près comme dans le parc Monceaux, tout en réservant une partie du terrain pour la promenade; mais il n'y a heureusement jusqu'à ce jour nulle apparence de bâtisse, et, sans vouloir de mal à cette spéculation, il serait à désirer pour l'agrément du Caire que les choses restassent dans le même état.

Des arbres énormes, — mimosas et sycomores, — parmi lesquels nous reconnûmes sans peine ceux qui avaient posé pour Marilhat, agrandis encore par le temps écoulé, garnissent le milieu de la place avec leurs dômes de feuillage, d'un vert si intense qu'il paraît presque noir. Sur la gauche s'élevait, comme dans le tableau, une rangée de maisons où l'on distinguait, parmi quelques bâtisses neuves, d'anciennes habitations arabes plus ou moins modernisées ; un grand nombre de moucharabiehs avaient disparu ; il en restait cependant assez pour conserver à ce côté de la place le caractère oriental. Nous devons avouer que sur une des premières maisons de la file, peinte de ce bleu qu'en France on appelle bleu-perruquier, se lisaient en grandes lettres ces mots : *Maison de l'ancienne cave populaire.*

Au-dessus des arbres, de l'autre côté de la place, dépassant la ligne des toits, on apercevait quatre ou cinq minarets élevant leurs tourelles, aux assises alternativement blanches et rouges, sur un ciel d'un azur légerqu ne ressemblait nullement, nous devons en convenir, au ciel d'indigo de Marilhat ; mais nous étions au mois d'octobre, et en été le ciel d'Égypte peut avoir des teintes plus chargées de cobalt et d'outremer.

Sur la droite, les escarpements du Mokattam, teintés d'un gris rosâtre, montraient leurs flancs décharnés et dépourvus de toute apparence de végétation.

Les arbres du square nous masquaient les constructions nouvelles, les théâtres du Cirque, de l'Opéra-Italien et de la Comédie-Française, et de cette façon notre rêve n'était pas trop dérangé.

Notre état de blessé demandait quelques ménagements et deux ou trois jours de repos absolu : ce n'était pas trop. Pour peu qu'on ait le sentiment du voyage, on se fera aisément une idée du désir que nous avions de nous lancer à travers ce dédale de rues pittoresques, où fourmillait une foule bigarrée ; mais il ne fallait pas y songer pour le moment. Nous pensâmes que le Caire viendrait à nous si nous ne pouvions aller à lui, plus complaisant que la montagne envers le prophète : et, en effet, le Caire eut cette politesse.

Pendant que nos compagnons, plus heureux, se répandaient par la ville, nous nous installâmes dans la verandah, armé de notre lorgnon et de notre jumelle. C'était le meilleur poste d'observation qu'on pût choisir, et, même sans regarder sur la place, le toit de la marquise abritait bien des types curieux.

Il y avait là des drogmans, la plupart Grecs ou cophtes, coiffés du fez, en petite veste soutachée et en larges pantalons ; des cawas, richement costumés à l'orientale, le sabre courbe sur la cuisse et le kandjar à la ceinture, tenant à la main une canne à pommeau d'argent ; des domestiques indigènes en turban blanc et en robe bleue ou rose ; des petits nègres, les jambes et les bras nus, vêtus de courtes tuniques rayées de couleurs vives ; des marchands offrant des couffiehs, des gandouras et des étoffes d'Orient fabriquées à Lyon ; des photographes faisant voir des vues d'Égypte et du Caire, ou des reproductions de types nationaux ; sans compter les voyageurs eux-mêmes qui, venus de toutes les parties du monde, méritaient bien un peu d'attention.

En face de l'hôtel, sur l'autre côté de la chaussée, se tenaient sous l'ombre des mimosas les calèches mises à la disposition des invités par l'hospitalité grandiose du khédive ; un inspecteur borgne, un bout de turban roulé autour de la tête et revêtu d'un long

cafetan bleu, les faisait avancer et transmet-
tait aux cochers les ordres des voyageurs. Là
aussi stationnait le bataillon des âniers, avec
leurs bêtes à longues oreilles. On dit qu'on
ne compte pas moins de quatre-vingt mille
ânes au Caire. Nous écrivons *ânes* et non pas
âmes; il ne faut pas équivoquer là-dessus
comme le médecin Roudibilis dans Rabelais;
les ânes sont beaucoup plus nombreuses, la
ville ayant trois cent mille habitants. Mais
ce chiffre de baudets ne paraît pas exagéré. Il
y en a sur toutes les places, à tous les coins
des hôtels, autour de toutes les mosquées, et,
dans les endroits les plus déserts, il sort subitement de derrière un pan de mur un ânier
et son bourriquet pour se mettre à votre disposition.

Ces ânes sont fort gentils, très-vifs et d'humeur gaie. Ils n'ont pas cette mine piteuse
et cet air de résignation mélancolique des
ânes de nos pays, mal nourris, roués de coups
et méprisés. On sent qu'ils s'estiment autant
que les autres bêtes et ne sont pas en butte
toute la journée à des sarcasmes ineptes. Ils

savent peut-être par tradition qu'Homère a comparé Ajax à un âne, similitude qui n'est ridicule qu'en Occident, et ils se souviennent aussi qu'un de leurs ancêtres a porté Myriam, la vierge mère d'Issa, sous le sycomore de Matarieh. Leur pelage varie du brun-noir au blanc, en passant par toutes les variétés de fauve et de gris ; quelques-uns ont des étoiles et des balzanes blanches. Les plus jolis sont rasés avec une coquetterie ingénieuse, de façon à leur dessiner, autour des jarrets et des jambes, des ramages qui leur donnent l'air d'avoir des bas à jour : on leur peint même, lorsque leur robe est blanche, le bout de la queue et la crinière avec du henné. Ces recherches, vous le comprenez, ne s'appliquent qu'aux bêtes de race, aux sommités de la gent asinique, et non au *vulgum pecus*.

Le harnais consiste en une têtière ornée de tresses, de fanfreluches de soie ou de laine, parfois de grains de corail ou de plaquettes en cuivre, et en une selle de maroquin, ordinairement rouge, très-renflée au pommeau pour prévenir les chutes et n'ayant pas de troussequin : cette selle pose sur un panneau de tapis ou d'étoffe rayée, et se maintient par une large courroie qui passe diagonalement sous la queue de l'animal, en façon de croupière. Une sangle fixe le panneau, et deux étriers assez courts ballottent sur les flancs de la bête. Ce harnachement est plus ou moins riche, selon la fortune de l'ânier et la qualité des gens qu'il conduit ; mais nous ne parlons ici que des ânes de louage. Personne au Caire ne rougit d'employer cette monture : les vieillards, les hommes faits, les dignitaires et les bourgeois. Les femmes y chevauchent à califourchon, mode d'équitation qui ne compromet en rien leur pudeur, vu l'abondance de plis de leurs larges caleçons qui leur recouvrent presque entièrement les pieds ; elles ont souvent devant elle, posé sur l'arçon, un petit enfant demi-nu, qu'elles maintiennent en équilibre d'une main, tandis que de l'autre elles secouent la bride sur le col de l'animal. Ce sont en général des femmes aisées qui se permettent ce luxe, car les pauvres femmes fellahs n'ont d'autre moyen de locomotion que leurs petits pieds, auxquels la poussière met des brodequins gris. Ces beautés, — on peut les supposer telles, puisqu'elles sont masquées plus hermétiquement que des femmes du monde au bal de l'Opéra, — portent par-dessus leurs vêtements un *habbarah*, espèce de sac en taffetas noir, sous lequel l'air s'engouffre, et qui se gonfle le plus disgracieusement du monde pour peu que le train de la monture s'accélère.

En Orient, un cavalier, qu'il soit à cheval ou sur un âne, suppose toujours deux ou trois piétons : l'un qui court devant, une baguette à la main pour écarter la foule, l'autre qui tient la bête par la bride, le troisième qui la tient par la queue ou tout au moins lui pose la main sur la croupe ; il y en a quelquefois un quatrième qui voltige sur le côté pour émoustiller l'animal avec une houssine. A chaque minute, la *Patrouille turque* de De Camps, ce tableau étrange qui fit tant d'effet à l'exposition de 1831, passait devant nous, emporté dans un tourbillon de poussière, et nous faisait sourire ; mais personne ne paraissait sentir le comique de cette situation ; un gros homme vêtu de blanc, le ventre sanglé d'une large ceinture, juché sur un petit âne et suivi à pied de trois ou quatre pauvres diables, hâves et basanés, à mine famélique, qui, par excès de zèle et dans l'espoir d'un *bacchich*, semblaient porter la monture et le cavalier.

On nous pardonnera ces détails, un peu longs, sur les ânes et leurs conducteurs ; mais ils tiennent une si grande place dans la vie au Caire, qu'il faut bien leur donner l'importance qu'ils ont réellement.

Pendant que nous regardions défiler ce panorama, un jeune garçon de douze à quatorze ans s'approcha du perron de l'hôtel. Son costume consistait en une calotte de feutre et une espèce de tunique déguenillée à manches larges, qu'il repoussait vers son épaule avec un geste qui ne manquait pas de grâce. Il avait l'air intelligent et fin plus que son âge ne le comportait, et ses mouvements avaient cette aisance et cette précision des gens habitués à travailler en public. A son côté pendait une sorte de gibecière en cuir. Un petit camarade, plus jeune que lui, menait en laisse deux singes de l'espèce cynocéphale. Les singes, sur l'ordre de leur maître, se mirent à tourner en rond comme dans un manége, à marcher sur les mains de devant, à faire la culbute et le saut périlleux en avant et en arrière, à contrefaire le mort, à passer une baguette derrière leur col en y appuyant leurs deux pattes, position que les Arabes prennent quelquefois en se servant de leurs longs fusils pour bâton, et autres exercices simiesques obtenus non sans quelques rébellions et grincements de dents. Jusque-là rien de particulier : les saltimbanques et les dresseurs d'animaux de nos pays apprennent à leurs bêtes des tours plus difficiles.

La seconde partie de la représentation fut plus intéressante : le jeune garçon, à ses talents d'escamoteur et de montreur de singes, joignait celui de charmeur de serpents. C'était un psylle, de ceux-là qui prétendent se jouer des reptiles les plus venimeux, avoir la puissance de les faire sortir de leurs trous au son de la flûte de derviche, et de s'en faire obéir au moindre signe. Ce sont eux qu'on fait venir dans les maisons où l'on croit qu'il y a un serpent caché ; ils ne manquent jamais de le trouver, et les sceptiques prétendent même que, s'il n'y en a pas, ils en apportent, pour que leur science ne puisse jamais paraître en défaut. Mais tous les fellahs croient fermement à la puissance d'incantation des psylles, et bien des personnages d'un ordre plus élevé partagent cette foi, établie depuis la plus haute antiquité en Égypte.

Ce jeune garçon tira de son sac de cuir une vipère de l'espèce *najah*, dont, sans doute, les crochets avaient été enlevés ; il la tenait délicatement par les deux doigts derrière la tête, et la jeta d'un mouvement brusque sur le trottoir. Le cercle de curieux qui enfermait l'opérateur s'élargit subitement, et les singes, devenus inquiets, s'éloignèrent autant que le leur permettait la longueur de la corde attachée à la ceinture de leurs reins. La bête resta un moment immobile et comme étourdie, puis, réchauffée peu à peu par les rayons du soleil et la température de la dalle sur laquelle se déroulaient ses anneaux inertes, elle commença à se mouvoir lentement, à s'étendre, à redresser la tête et à regarder autour d'elle d'un air irrité, faisant vibrer sa langue fourchue entre ses lèvres plates, puis son cou se gonfla, et deux poches volumineuses se dilatèrent près de la tête. Elle se *lova* et rappela tout à fait, par son attitude et le renflement de ses bajoues, l'*uræus* sacré qui figure si souvent sur les corniches des temples, les parois des pylones et le *pschent* des dieux et des pharaons. Cela fait un assez singulier effet de voir vivant et s'agitant devant soi un reptile qu'on avait été tenté de prendre jusque-là pour un symbole hiéroglyphique. Les anciens sculpteurs égyptiens avaient admirablement saisi le caractère de l'animal, et leurs représentations d'*uræus* pourraient servir de modèle aux gravures d'un livre d'histoire naturelle.

Le psylle, quand il vit son sujet bien réveillé, le reprit par le col, lui appuya le pouce sur la tête, et la vipère najah se roidit comme ces serpents que le froid a durcis et qui se briseraient comme verre plutôt que de plier ; mais le jeune garçon lui souffla et lui cracha dans la gueule, et le serpent reprit son élasticité onduleuse.

Il enroula la vipère à ses bras, à son col, la fit glisser dans sa poitrine et ressortir par sa manche, exercices qui n'ont rien de dangereux si la bête, comme cela est plus que probable, est privée de ses crochets, mais qui ne nous en inspiraient pas moins une terreur involontaire.

Le serpent en lui-même n'est pas laid, les écailles qui le recouvrent sont imbriquées d'une façon symétrique et les couleurs dont elles sont nuancées sont souvent pures et brillantes. Si la beauté vient de la ligne courbe, comme le prétend Hogarth, rien ne serait plus gracieux que le reptile, dont la démarche est une suite d'ondulations et de sinuosités harmonieuses. Sa tête triangulaire, animée d'yeux vifs, n'a rien de hideux en soi.

D'où vient qu'à l'aspect du serpent le frisson prend souvent aux plus braves, et que tel qui affronterait un lion, fuirait peut-être au sifflement d'une vipère ? Le vert, le bleu et le jaune métallique, qui vernissent ce corps tortueux et flexible rappellent, comme pour inspirer la méfiance, les couleurs des poisons. La force du serpent, cet animal fragile dont le plus léger coup de baguette briserait l'épine dorsale, réside en effet dans le poison, l'arme du traître et du lâche qui, lui aussi, se glisse en rampant dans l'ombre vers sa victime. Ce n'est qu'une piqûre d'épingle : à peine une goutte de sang, une tache bleuâtre à la peau, et vous êtes mort. L'antique malédiction pèse toujours sur le serpent, dont la femme doit écraser la tête, d'après la promesse de l'Écriture. Tous les animaux ressentent cette horreur. Comme nous l'avons dit, les singes, dès le commencement de la séance, étaient entrés dans une singulière agitation à laquelle avait succédé un abattement bien contraire à la pétulance habituelle de ces animaux. Ils nous rappelaient la prostration touchante et comique des singes de l'Hippodrome lorsque, dans la coulisse, on les revêtait de leurs habits pour être lancés sur la courbe du *centrifugal railway*. C'était le même désespoir. Les singes du Caire connaissaient sans doute le sort qui les attendait et l'exercice qui allait suivre.

En effet, leur maître secoua leur torpeur en agitant la corde retenue à leurs reins, les rapprocha de lui par deux ou trois brusques saccades, et, prenant son serpent par la queue, le balança sur leurs têtes ; alors les pauvres singes, affolés de terreur, se mirent à tourner en rond, glapissant d'une façon lamentable, faisant des culbutes extravagantes, levant au ciel leurs petites mains noires comme pour protester contre la tyrannie de l'homme, s'arrachant le poil de la tête et se coupant presque le ventre pour briser leur chaîne.

Cependant l'*uræus* irrité gonflait formidablement sa gorge, ondulait avec fureur, et ressemblait, dans la main du psylle, au fouet de l'Euménide antique ; les pauvres singes,

innocents Orestes, auraient pu s'écrier s'ils
avaient connu Racine :

Pour qui sont ces serpents qui sifflent sur nos têtes ?

L'exercice se termina par un galop infernal : le psylle trépignait, la vipère *stridait* et
faisait des zigzags pareils à ceux de l'éclair,
et les pauvres singes, fous d'épouvante et
d'horreur, se livraient à une ronde insensée,
ne pouvant fuir que circulairement. Ils grinçaient, sautaient, gesticulaient avec tous les
signes du désespoir. Enfin, le maître, fatigué sans doute, lâcha le serpent, qui regagna
de lui-même le sac jeté à terre, son repaire
habituel, et les singes, à peine remis « d'une
alarme si chaude », les yeux battus, le mu-
seau pâli, recommencèrent à se gratter l'o-
reille, à brocher des babines, à montrer les
dents et à retirer de leurs bajoues quelque
noyau de datte pour le croquer.

Les sensations, si vives chez les singes,
sont passagères et promptement oubliées ; les
cynocéphales ne paraissaient plus songer à la
vipère najah.

Dans tous les pays du monde, les exercices de bateleurs se terminent par la collecte, et le psylle fit le tour de l'assistance en criant : Bacchich ! bacchich ! Grâce à la présence des Européens, la recette fut abondante, et il remporta plus de pièces blanches qu'il n'empochait habituellement de sous.

L'approche du soir ramenait les voyageurs vers l'hôtel, et les calèches les déposaient devant le perron avec un joyeux tumulte. Les conversations s'établissaient, chacun racontait ce qu'il avait vu d'étrange et de pittoresque, lorsqu'un bruit singulier, inexplicable, toujours grossissant, se fit entendre et domina le bruit des entretiens ; cela ressemblait au glas d'une cloche, au roulement d'un tambour, au tintamarre de ferrailles sur un chariot. Le son s'enflait, diminuait, éclatait de nouveau avec un fracas horrible. On eût dit les abois d'une gueule de bronze, les hululations d'un chien infernal hurlant après le disque livide d'Hécate.

C'était tout simplement un gong chinois qu'un fellah, domestique de l'hôtel, frappait

avec un tampon pour rappeler aux invités
du khédive et aux voyageurs que le dîner
était servi.

VI

CE QU'ON VOIT DE L'HÔTEL SHEPPEARD

Quelque bien achalandé que soit l'hôtel
Sheppeard, nous doutons qu'il ait jamais vu
s'asseoir autour des tables de son immense
salle à manger un pareil nombre de convives.

Le dîner fut très-gai et largement arrosé
de vins de Bordeaux, de Champagne et du
Rhin, sans compter les bières anglaises des
meilleures marques. Le service était fait par
une nuée de domestiques polyglottes en habit
noir, cravate blanche et gants blancs, cor-
rectement frisés, et qui n'auraient pas été
déplacés à l'hôtel du Louvre. La chère ressemblait à celle des grands établissements de
ce genre, et rien ne nous avertissait que l'on
était au Caire. Ceux qui avaient espéré manger de la « couleur locale » durent se rési-

gner à une excellente cuisine française légèrement anglaisée, comme cela est naturel
dans une maison dont la clientèle ordinaire
est presque toute britannique. Aucun mets
arabe ne fut apporté par un esclave au teint
basané, en turban blanc et en robe rose. Pas
même une de ces fameuses tartes au poivre,
si appétissantes dans les *Mille et une Nuits;*
mais nous ne le regrettâmes pas trop, la couleur locale étant en mainte occasion plus
agréable aux yeux qu'au palais.

Les voyageurs étaient groupés à table selon
leurs affinités électives ou professionnelles :
il y avait le coin des peintres, le coin des savants, le coin des gens de lettres et des *re-
porters*, le coin des gens du monde et des
amateurs; mais cela sans délimitation rigou-
reuse. On se faisait des visites d'un clan à un
autre, et au café, que les uns prirent à la
turque et les autres à l'européenne, la con-
versation et le cigare confondirent tous les
rangs et tous les pays; on vit des docteurs
allemands parler d'esthétique à des artistes
français, et de graves mathématiciens écouter

en souriant les *racontars* des journalistes.

Il y avait peu de femmes parmi les convives, et elles s'étaient retirées, à l'anglaise, vers la fin du dîner, pour laisser aux hommes la liberté de boire, de fumer et de causer les coudes sur la nappe. Bientôt la salle se dépeupla, et les invités du khédive se répandirent dans les rues du Caire ou firent un tour de promenade sur la place de l'Esbekich.

Nous reprîmes notre poste sous la vérandah.

La nuit ressemblait plutôt à un jour bleu, dont le soleil aurait été la lune, qu'à ce qu'on entend par nuit dans les pays occidentaux.

L'astre cher à l'Islam versait sa lumière sur les masses noires des mimosas, qu'éclairaient en dessous des files de candélabres alimentés par le gaz, sablait les chemins d'une poussière d'argent, et découpait avec une netteté parfaite les ombres des voitures, des piétons et des ânes, trottant encore plus vite par la fraîcheur.

Des sons d'instruments, cornets à pistons, violons et guitares, des portements de voix, des fusées de roulades plus perceptibles que dans le jour, au milieu du silence relatif de la nuit, nous arrivaient des cafés chantants qui avoisinent la maison de la *Cave populaire*, avec les bouffées intermittentes de la brise. Sans doute nous eussions mieux aimé une musique arabe, aux tonalités bizarres et caractéristiques, accompagnée par le rhythme sourd des tarboukas, et lançant de temps à autre un de ces cris aigus, semblables aux *ole* des chansons espagnoles; mais il faut bien se résigner à ces petits désappointements. Malgré les regrets des poëtes et des artistes, la civilisation impose ses modes, ses formes, ses usages, et ce que nous appellerions volontiers sa barbarie mécanique aux barbaries pittoresques, et le café chantant est un progrès sur les improvisateurs et les musiciens arabes ; c'est l'opinion des *philistins*, mais ce n'est pas la nôtre. Après tout, ces vagues lambeaux de musique n'étaient pas désagréables, car, ainsi que le dit Lorenzo à Jessica dans le *Marchand de Venise*, « le calme, le silence et la nuit conviennent aux accents de la suave harmonie. »

Pendant que nous faisions ces réflexions, la soirée s'avançait, les promeneurs devenaient plus rares, les invités du khédive rentraient seuls ou par groupes, et nous sentions l'atmosphère humide nous envelopper comme une draperie mouillée. Cette fraîcheur nocturne, lorsqu'on s'y expose dans l'immobilité, cause souvent des ophthalmies, bien vite dangereuses, et le mot de Henri Rivière que nous avons déjà cité : « L'œil se vide sans douleur, » nous revint en mémoire. Nous remontâmes donc à notre chambre, et nous nous installâmes, pour achever la nuit, dans un de ces fauteuils de bois, imités des fauteuils en bambou de la Chine, qui s'étendent sous les pieds et forment une chaise longue, car l'appareil de notre fracture aurait pu être dérangé par la position horizontale qu'exige le lit et les mouvements involontaires du sommeil.

Les heures noires furent bientôt envolées, et un rayon de jour bleuâtre, se glissant à travers les carreaux, éteignit la lueur rouge de la bougie, que nous avions laissée brûler, selon notre habitude.

Notre première idée fut de courir à la fenêtre, et nous fûmes tout surpris de voir que cette citation de Shakespeare : « Le matin grisâtre descendait la colline les pieds dans la rosée, » s'appliquait beaucoup mieux à l'aube du Caire que la phrase classique d'Homère : « L'aurore aux doigts de rose ouvrait les portes de l'Orient. »

Rien ne ressemblait plus à un ciel de Normandie que ce ciel d'Égypte vu à cette heure. De larges bandes de nuages gris s'étendaient au-dessus de la place, et une brume, semblable à des flots de fumée chassés par le vent, rampait sur l'horizon. Sans l'attestation formelle des minarets et des palmiers, on aurait eu de la peine à se croire en Afrique.

Sur ce fond de ciel automnal, planaient, en décrivant de grands cercles, des éperviers, des milans et des gypaëtes poussant des piaulements aigus ; passaient en rabattant leur essor près de terre, par crainte des oiseaux de proie, des essaims de pigeons, et volaient des corneilles grises d'une espèce particulière ; tandis que, sous les arbres et dans les allées, sautillaient en pépiant des moineaux pareils à ceux d'Europe.

Les villes d'Orient s'éveillent de bon matin, et l'activité, qui s'assoupit vers le milieu du jour, commence dès l'aurore pour profiter de la fraîcheur.

Les femmes fellahs passaient dans cette longue robe bleue, leur unique vêtement, qui joue autour de leurs formes sveltes comme une draperie antique. Cette robe est fendue sur la poitrine, et laisse entrevoir, lorsque la fellah est jeune ou n'a pas eu d'enfants, des contours d'une pureté sculpturale qui rappellent la gorge aiguë des sphinx.

La pudeur musulmane ne s'inquiète pas autant du corps que la pudeur européenne; elle se réserve pour le visage, et ne s'alarme pas beaucoup de ces légères trahisons de la draperie, que corrige, de temps à autre, une main négligente.

Le reste du costume consiste en un voile de même couleur, enveloppant la tête et retombant sur les épaules.

Pour cacher leurs traits, surtout lorsque

passe un infidèle aux regards curieux, les fellahs ramènent un pan de ce voile sur le bas de leur figure et le retiennent avec leurs dents; mais à cette heure matinale, lorsqu'il y a encore peu d'Européens dans les rues, elles ne prennent pas beaucoup de précautions. Les fellahs cophtes, qui sont chrétiennes, ne se voilent même pas du tout, et nous pouvions contempler à notre aise, du haut de notre observatoire, ces têtes aux longs yeux, aux pommettes légèrement saillantes, aux joues rondes, à la bouche épanouie par un sourire indéfinissable, au menton rayé de quelques légers tatouages bleuâtres, où persiste le type égyptien primitif, et qui ressemblent à s'y méprendre aux têtes de femmes sculptées qui ferment les vases canopes. Rien de plus élégant que les attaches de leur col et le galbe de leur poitrine, projetée en avant par l'habitude qu'elles ont de tenir des fardeaux en équilibre sur leurs têtes.

Toutes ces fellahs, jeunes ou vieilles, vierges ou matrones, grasses ou maigres, portaient quelque chose : celle-ci tenait avec une grâce antique, sur la paume de sa main renversée, un vase allongé en façon de buire, et cette pose découvrait jusqu'au coude, où s'amassaient les plis de l'étoffe bleue, un bras fin et rond, couleur de bronze clair, cerclé au poignet de quelques bracelets d'argent ou de cuivre : celle-là portait, semblable à une canéphore du Parthénon, une jarre de terre ou de cuivre jaune placée sur la tête, en travers lorsqu'elle était vide, et debout si elle était remplie d'eau. Parfois elle l'étayait de la main, et son bras, mis à nu jusqu'à l'épaule par ce mouvement, s'agrafait à l'urne comme une anse du dessin le plus pur.

D'autres avaient un enfant à califourchon sur l'épaule, en traînaient un second par la main, et souvent en portaient un troisième dans le ventre, ce qui ne les empêchait pas d'être aussi chargées d'un paquet sur le crâne.

Quelques-unes, plus scrupuleuses, ne se contentent pas du *milayeh* — c'est ainsi qu'on appelle la grande écharpe bleue qui sert de voile, et dont les bouts retombent en arrière jusqu'aux pieds : — elles s'appliquent sur la figure, en ne laissant à découvert que les yeux agrandis et accentués par le k'hol, une pièce de treillis carrée, composée de petites tresses de soie noire entre-croisées et réunies au moyen de plaquettes d'argent, que soutient un bout de roseau entouré de fils d'or et s'appuyant sur le nez. Cela ressemble à la barbe de satin d'un masque. Nous en vîmes, ce matin-là, passer plusieurs qui appartenaient à une classe plus aisée des fellahs.

A mesure que l'heure avançait, défilaient devant nous des personnages annonçant par leurs vêtements une meilleure position sociale. Dans tous les pays du monde, les pauvres sont plus matineux que les riches, et ce sont eux, au Caire comme à Paris, qui apparaissent les premiers dans la rue.

Aux fellahs succédaient par intervalle des femmes, ou, comme dirait M. Joseph Prudhomme en son style fleuri, des « dames », enveloppées du disgracieux habbarah en taffetas noir et masquées d'un morceau d'étoffe blanche se prolongeant sur la poitrine comme une étole. Suivies d'une négresse vêtue de

blanc, elles marchaient presque toujours
deux à deux, épouses sans doute ou concu-
bines du même maître. Parfois, comme lorsqu'on veut faire descendre le sang des mains,
elles relevaient et secouaient leurs bras
chargés de cercles d'or et d'argent. Ce mouvement repoussait les bords de la mante,
dont l'écartement permettait de voir leurs
pantalons de satin jaune, larges comme des
jupes, et l'étroite brassière de velours sou-
taché rapprochant les globes de la gorge sous
une transparente chemisette de gaze. La plupart de ces « dantes » jouissaient de cet embonpoint si cher aux Orientaux, et ressem-
blaient à des pleines lunes. L'opulence de
leurs charmes formait un piquant contraste
avec la svelte maigreur des jeunes filles fellahs.

Les porteurs d'eau chargés au Caire de
l'arrosement public se promenaient d'un pas
lent et régulier, ayant sur les reins dès outres
en peau de bouc rappelant celles que pour-
fendit le bon chevalier de la Manche, mais
qui, tailladées par son invincible estoc, n'eussent pas répandu de vin. Une des pattes de la

bête, garnie d'un ajutage de bois, servait de robinet et dispersait en fine pluie l'eau du Nil sur la poussière de la route.

Des employés en costume du Nizam, redingote noire boutonnant droit, fez amarante écimé en képi et orné d'une longue houppe de soie noire, se dirigeaient à cheval vers leurs ministères respectifs, précédés et suivis de leurs domestiques, et montrant cet air ennuyé qu'ont dans tous les pays du monde les employés se rendant à leur bureau et les enfants allant à l'école.

Plus pressés sans doute d'arriver, des officiers dont la soubreveste rouge, taillée sur un modèle européen, gardait encore par la fantaisie et la richesse des ornements des traces du vieux goût oriental, passaient au galop sur des chevaux de sang magnifiquement harnachés. Au coin de leur housse de velours incarnat se recourbait le croissant avec une, deux ou trois étoiles, selon le grade du cavalier.

Poussant en arabe un cri guttural dont la traduction familière est : « Gare à tes pattes ! »

apparaissaient, le courbach à la main, deux de ces *saïs* ou coureurs qui précèdent les voitures de maître pour leur ouvrir un passage dans la foule obstruant les rues étroites de la ville. On ne saurait rien imaginer de plus élégant et de plus gracieux que ces jeunes pages de quinze ou seize ans, choisis parmi les types caractéristiques des races d'hommes dont le Caire offre la réunion. Le costume des saïs est charmant : il se compose d'un gilet de velours richement brodé d'or ou de galons de soie dessinant des arabesques, d'une large ceinture bien serrée sur une taille de guêpe, de caleçons blancs comme ceux des zeibecks, d'une petite calotte posée sur le haut de la tête, et d'une chemise de gaze dont les longues manches, fendues jusqu'à l'épaule, flottent en arrière soutenues par le vent et semblent mettre des ailes d'ange au dos de ces rapides coureurs. Ils ont les jambes et les pieds nus, et portent quelquefois au-dessus de la cheville une mince ligature, sans doute pour éviter les crampes. Les Basques *dératés*, qui sautaient, en s'appuyant sur leur grande

canne à pommeau d'argent, devant les car-
rosses du dix-septième et du dix-huitième
siècle, n'auraient été que des tortues auprès
de ces saïs si lestes, si bien découplés, aux
larges poumons, aux jambes fines et nerveu-
ses, qui devancent aisément les chevaux, à
quelque allure que le cocher les mette, et
souvent s'arrêtent pour les attendre. Derrière les saïs venait, à quelque distance, une
calèche élégante de fabrique anglaise ou
viennoise, avec un Arnaute en fustanelle
pour cocher, contenant un haut fonctionnaire
d'un embonpoint majestueux, ayant devant
lui son secrétaire, grec ou arménien, à mine
intelligente et maigre, comme il convient à
un subalterne. Ou bien encore un coupé
mystérieux, avec des roues relevées de filets
d'or, accompagné de nègres à cheval, au buste
court, aux longues jambes, aux joues parfaitement glabres, où l'on entrevoyait dans
l'interstice du voile, ou *bourko*, des yeux de
diamant noir, et à travers l'entre-bâillement
de l'habbara, des éclairs d'or et de pierreries,
des miroitements de soie jaune, rosée ou

blanche. C'étaient les femmes de quelque harem de grand seigneur, pacha ou bey, allant faire des emplettes ou rendre visite à des amies : car le beau sexe est loin d'être prisonnier sous le régime de l'Islam, comme on se l'imagine en Occident.

Cette procession, on n'a pas besoin de le dire, était entremêlée d'Anglais, d'Italiens, de Français, d'Allemands, de Grecs et de ce qu'on appelle là-bas des Francs et des Levantins, habillés plus ou moins à l'européenne, en avance ou en retard sur la mode, et parfois semblant avoir emprunté leur garde-robe à Robert-Macaire et à Bertrand. Ces types, curieux peut-être à étudier dans un autre moment, ne nous intéressaient pas alors, et nous préférions examiner, à mesure qu'ils se présentaient devant nous, ces échantillons caractéristiques des races d'Afrique, dont Maxime Du Camp donne un croquis si vif et si exact, rehaussé de touches d'aquarelle, pour qu'au dessin se joigne la couleur, dans son beau livre intitulé *le Nil :* « Les Turcs, gênés dans de laides redingotes et d'étroits pantalons; les fellahs, nus sous une simple blouse de cotonnade bleue; les Bédouins de la Libye, enveloppés de couvertures grises, les pieds entourés de linges attachés avec des cordes; les Abadiehs, portant pour tout vêtement de larges caleçons blancs, et dont les cheveux, graissés de suif, sont traversés par des aiguillons de porc-épic; des Arnautes avec leurs fustanelles, leurs vestes rouges, leurs armes passées à la ceinture et leur longue moustache retroussée; les Arabes du Sinaï couverts de haillons, et ne quittant jamais leur cartouchière ornée de verroteries; des nègres du Sennaar, dont le visage, noir comme la nuit, a une régularité caucasienne; des Mâghrebins, drapés de leurs burnous; des Abyssins, coiffés du turban bleu; des Nubiens, habillés d'une loque; des habitants de l'Hedjaz, marchant gravement les pieds chaussés de sandales, la tête garantie par une coufieh jaune, les épaules couvertes d'une traînante robe rouge; des Hatrabis, dont l'Europe ne se préoccupe pas, et sur qui repose peut-être aujourd'hui le sort religieux

de l'Orient; des juifs sordides et changeurs
de monnaies, et quelquefois un Santon tout
nu qui s'avance en récitant sa profession de
foi. »

Ce jour-là, — notre conscience de voyageur
nous oblige à l'avouer, — nous ne vîmes pas
le Santon *tout nu*, mais nous ne perdîmes rien
pour attendre.

Ce qui frappe l'étranger, ce qui le transporte le plus loin de sa ville et de sa banlieue,
ce qui lui prouve que, malgré la civilisation
envahissante, il est bien véritablement dans
l'Orient rêvé, c'est le chameau, cet animal
étrange, qui semble survivre aux créations
disparues. Quand il s'avance vers nous avec
son dos gibbeux, ses jambes déhanchées,
dont les articulations sont marquées de cal-
losités difformes, ses larges pieds faits pour
s'épanouir dans le sable, ses flancs maigres,
où floconnent quelques touffes de laine
bourrue, son long col rappelant celui de l'autruche, sa tête à la lèvre pendante, aux narines coupées obliquement, dont le grand œil
mélancolique, bordé de cils blanchâtres,

exprime la douceur, la tristesse et la résignation, nous pensons involontairement à la jeunesse du monde, aux temps bibliques, aux patriarches, à Jacob et à ses tentes, aux puits où se rencontraient les jeunes hommes et les jeunes filles, à la vie primitive du désert, et nous sommes toujours surpris de le voir passer en frôlant des habits noirs, et balancer sa tête au-dessus des petits chapeaux à la mode de Paris, dont il est parfois tenté de brouter les fleurs.

Notre goût fut, ce matin-là, largement satisfait. Le défilé fut complet, depuis le *mahari* blanc, porteur de dépêches, conduit par un Arabe juché sur une haute selle, une jambe repliée sous lui et l'autre pendante, jusqu'au misérable chameau de charge, presque aplati entre de lourdes dalles de pierre attachées sur ses flancs avec des réseaux de cordelettes en fibres de palmier. Nous en vîmes de toutes les sortes : de bruns, de fauves, de café au lait, de vieux, de jeunes, de gras, de maigres, portant des bottes de cannes à sucre, des poutres, des planches, de la paille hachée, des balles de coton, des sacs de blé, des meubles, des coussins, des carcasses de divans, des cages, des ustensiles de cuisine, des gargoulettes, des vases en cuivre et tout ce qu'on peut charger sur un pauvre animal, même des petits enfants, dont les têtes rondes et joyeuses dépassaient les bords du panier dans lequel ils étaient suspendus.

Le chameau va naturellement l'amble, c'est-à-dire qu'il avance le pied de devant et le pied de derrière du même côté au lieu d'entre-croiser ses pas comme le cheval. Cette allure donne à sa démarche une solennité singulière, à laquelle ajoute encore le balancement rhythmé de son col. En apparence, la marche du chameau est lente, mais ses pas sont longs, et il fait en réalité beaucoup de chemin. Mais en voilà assez pour une fois sur le chameau ; il se peut que le lecteur ne partage pas notre sympathie à l'endroit de cet animal *bossu* et *cagneux*, et d'ailleurs nous aurons plus d'une occasion de revenir sur son compte.

Les chars attelés de bœufs du Soudan, à

pelage argenté et à loupe noire, ou de buffles couleur d'ardoises, aux cornes renversées en arrière, nous intéressent aussi beaucoup par leur caractère et leur étrangeté. Dans son tableau de la *Moisson en Égypte*, qu'on croirait copié d'après les bas-reliefs d'un tombeau de la vingt-huitième dynastie, Gérôme a rendu admirablement la sauvage poésie et les formes sculpturales de ces animaux.

Mais depuis que nous regardons, le soleil, dissipant les brumes et les nuages, est déjà haut monté sur l'horizon, notre lorgnette est fatiguée, et si nos yeux ont eu leur pâture, notre estomac réclame aussi la sienne. Allons rejoindre nos compagnons à la table du déjeuner. Ils nous raconteront ce que nous n'avons pu voir.

LE FAYOUM, LE SINAI ET PÉTRA

I

Neuilly, 29 janvier 1872.

Les théâtres devaient fermer pour le sinistre anniversaire, ils ne l'ont pas fait, non
par manque de patriotisme; mais pour qu'un
théâtre n'ouvre pas le soir ses portes au
public, il faut une permission qui n'a pas
été accordée, ou qu'on a demandée trop tard.
Il y avait d'ailleurs incertitude sur la date
funèbre, que tous ne placent pas au même
jour. La vraie date est le 26 janvier, à minuit.

A l'horizon, palpitaient des lueurs intermittentes, éclairs des bouches à feu; les canons lointains tonnaient sourdement aux
remparts, les bombes ennemies décrivaient
leur courbe, et les obus prussiens s'abattaient

avec un bruit strident sur les toits de nos maisons, apportant peut-être la mort ou des mutilations affreuses. Mais ce vacarme infernal, auquel depuis tant de semaines on s'était habitué, ne déplaisait pas : il disait que Paris résistait toujours, et, quoiqu'on sût le sacrifice inutile, on tenait, par un entêtement héroïque, à le pousser aussi loin que possible.

Tout à coup le ciel devint noir comme le dais d'un catafalque. Il se fit brusquement un silence profond, lugubre, mortuaire, absolu, qui glaça tous les cœurs. Rien de plus terrible que cette absence de tout bruit succédant à ce calme funéraire ; le fracas du tocsin, le pétillement de la fusillade, les cris du massacre eussent paru joyeux. On comprit que tout était irréparablement perdu. Si Paris avait été consulté, il serait mort de faim plutôt que de se rendre, et le dernier survivant, de sa main défaillante, aurait jeté la torche de Moscou aux édifices de la Ville Sainte, incendie glorieux cette fois.

Mais à quoi bon revenir sur ce qui a été

si bien exprimé? C'est qu'il est difficile
d'abstraire son esprit du sentiment qui occupe votre âme. On peut oublier une victoire, mais une défaite! Ce noir souvenir
voltige devant nos yeux comme une chauve-
souris sous un ciel crépusculaire. Parfois
nous croyons l'avoir chassé, mais il a de
brusques retours, et son aile s'interpose de
nouveau entre nous et ce spectacle des
choses.

II

On ne pourra pas accuser aujourd'hui la
nature, comme elle le fait bien souvent,
d'insulter à notre deuil par des splendeurs
intempestives. Le ciel fond en eau, la terre
se délaye en boue, des rafales de pluie cin-
glent les vitres poussées par la tempête qui
fait s'entre-choquer avec un bruit d'océan
les cimes des grands arbres du parc. Le vent
erre dans les corridors, et sa plainte ressemble à une lamentation humaine.

Rien ne dérange ni n'agace notre sombre
mélancolie.

Assis près du feu qui grésille, notre chatte Éponine, allongée sur notre genou comme un sphinx noir, nous nous laissons aller aux irrémédiables tristesses des vaincus, songeant à la patrie mutilée et saignante, aux amis couchés çà et là sous le gazon anonyme, aux avenirs brusquement tranchés, à l'écroulement des espérances, à l'antique fierté compromise, à la résignation fatale et nécessaire, à tout ce qu'un pareil jour peut suggérer d'amer, de navrant, de désespéré. Nous éprouvions ce sentiment qui nous était inconnu, et, selon Stendhal, le plus pénible de tous : la haine impuissante. Moins poétiquement que Lamartine, mais avec une tristesse aussi vraie, nous disions au fond de notre âme nos *novissima verba*. Jamais nous ne nous étions senti si désolé, si perdu, si détaché de la vie. C'était le point où l'ennui tourne au spleen et fait penser à la mort comme à une distraction. Nous en étions là de notre monologue à la manière d'Hamlet, lorsqu'avec des journaux et des lettres on nous apporta un livre.

III

C'est un volume in-18 à couverture gris d'ardoise, signé d'un nom inconnu, du moins en littérature : Paul Lenoir, un élève de notre ami Gérôme. Cela s'appelait — *Le Fayoum, le Sinaï et Pétra* , — excursion dans la moyenne Égypte et l'Arabie Pétrée.

Nous aimons beaucoup les voyages de peintres, quand ils daignent quitter le crayon ou le pinceau pour la plume. L'habitude d'étudier la nature, de se rendre compte des formes et des couleurs, de mettre les objets à leur plan, leur donne une sûreté et une justesse de description qu'atteignent difficilement les littérateurs. *Voir*, il semble qu'il ne faille pour cela qu'ouvrir les yeux ; mais c'est une science qu'on n'acquiert que par un long travail. Bien des gens, de beaucoup d'esprit d'ailleurs, à qui rien n'échappe du monde de l'âme, traversent l'univers en véritables aveugles. Les peintres saisissent du premier coup d'œil le trait caractéristique, la note dominante. Ils procèdent dans leurs phrases, comme dans leurs esquisses, par touches expressives et certaines, hardiment posées à leur place et gardant la localité du ton. On voit ce qu'ils décrivent comme ce qu'ils peignent.

Ces mots magiques : *Fayoum, Sinaï, Pétra,* agissaient déjà sur nous et emmenaient notre imagination bien loin de la réalité présente. Il nous semblait voir se faire des éclaircies de bleu dans le gris du ciel. Des palmiers aux tiges grêles épanouissaient leur araignée de feuillage sur la poussière dorée des horizons. Les coupoles blanches des marabouts s'arrondissaient comme des seins pleins de lait, et, dans l'azur, des minarets dardaient leurs flèches pointues. Un vague bruit de *darabouk* faisant la basse d'une flûte de derviche nous arrivait par bouffées à l'oreille à travers les rumeurs du vent et les bruissements familiers de la maison

IV

Nous ouvrons le livre. Pourtant nous étions décidé à ne pas lire ce jour là, tant notre pensée pliait sous l'accablement de sa douleur. Dès la première page se présente un dessin de Gérôme, « le portrait de Fatma », comme une hôtesse souriante au seuil de sa demeure et qui nous invite à y entrer. Elle a ces longs yeux de gazelle d'une placidité triste et douce, ce nez fin, légèrement busqué, qu'un bref contour rattache à la bouche un peu épaisse, épanouie par un mystérieux sourire de sphinx, ces pommettes adoucies d'un dessin si moelleux, et ce menton délicat tatoué de trois raies bleues perpendiculaires, — un type féminin fréquent en Égypte et fixé en quelques coups de crayon, avec le profond sentiment ethnographique qui le distingue, par le peintre de la *Prière*, des *Amantes*, de la *Cage sur le Nil* et du *Marché d'esclaves*. En regardant Fatma, il nous prend une invincible nostalgie du Caire et nous voici, à la suite de la joyeuse bande dont fait partie M. Paul Lenoir, parcourant le Mouski, les bazars, les ruelles étroites encombrées de chameaux, de chevaux, d'ânes, de chiens, de fellahs et de tous les types de l'Afrique; nous promenant sur la place de l'Esbékieh, le boulevard Italien de l'endroit; visitant les mosquées du sultan Hassan, du calife Hakemf, d'Amrou, assistant sur la place Roumelich au départ du chameau sacré qui porte à la Mecque le tapis, don annuel du Khédive, admirant au pied du Mokattam les tombeaux des kalifes et des mamelucks, courant en calèche dans l'allée de Schoubra, et nous arrêtant à Boulacq près de la rive du fleuve pour voir les femmes fellahs puiser de l'eau au Nil avec des poses de Danaïdes.

Bref nous refaisons, en compagnie de ces gais camarades au nom desquels M. Paul Lenoir semble porter la parole comme l'orateur de la troupe, le voyage que nous avons fait au Caire, à l'ouverture de l'isthme de Suez. Nous allons avec eux aux pyramides de Gizeh et de Sakkara, nous descendons dans les souterrains de Sérapéum découverte par Mariette, pour y compter les trente-trois gigantesques sarcophages de bœufs Apis dont les soldats de Cambyse ont soulevé le couvercle, et nous gagnons ensuite le Fayoum, tantôt à travers de grandes forêts de palmiers, tantôt en longeant des canaux ou des mares laissées par l'inondation du Nil retiré à demi, en faisant halte à des villages en pisé et en briques crues, dont les habitants ont la douceur naïve naturelle au fellah, l'être le plus inoffensif du monde.

C'est à Senouhrès que la troupe folâtre rencontre Hasné, la danseuse en vogue du pays, l'étoile chorégraphique du Fayoum. Gérôme en a fait un croquis gravé pour le livre où se reconnaît le pur type égyptien antique. On dirait une tête enlevée au couvercle d'un vase canope. Sa pose toute droite a l'immobilité hiératique. Les bras pendent, les yeux sont baissés, les lèvres entr'ouvertes laissent voir les dents. Mais ne vous fiez pas à ce calme trompeur : quand le démon de la danse s'empare de Hasné, elle déploie la souplesse du serpent et la grâce de la gazelle. L'œil peut à peine suivre les ondulations de son torse cambré.

Nous ne décrirons pas en détail la ville du Médinet, la plus importante du Fayoum, car nous avons hâte de nous joindre à la caravane de ces messieurs, qui partent pour le Sinaï et l'Arabie Pétrée, la partie la plus neuve et la plus intéressante de leur voyage.

V

C'était en effet une vraie caravane ! Le Khédive avait généreusement proposé à nos artistes des dromadaires de course, magnifiques bêtes tirées de ses propres écuries. Des chameaux de charge les suivaient, portant les provisions et tout l'attirail indispensable pour une excursion au désert. L'aspect du cortége, avec son drogman, ses guides, ses hommes d'escorte, ne laissait pas d'être imposant.

On eut bientôt atteint en marchant sur le

sable du désert, qui devient rose le matin et le soir, sous le premier et le dernier rayon du soleil, *Aïn-Moussa*, les cinq fontaines de Moïse, la seule eau potable de la péninsule Sinaïtique, et l'on s'enfonça dans l'immensité aride, traversant des espaces de poussière plus fine que le grès pilé, longeant le bord de la mer ou s'engageant dans ces longues vallées étroites que les Arabes appellent *wadis*, et qui ressemblent à des corridors creusés dans le roc par la violence des torrents d'hiver. Les montagnes de ce système, par une disposition zoologique assez rare, forment des chaînes parallèles qui se rapprochent et se renouent à l'une de leurs extrémités. La proximité les dépouille des voiles d'azur dont l'éloignement les revêtait. Elles prennent, quand on est tout près, des teintes extravagantes et hors de toute vraisemblance, de grandes veines de rouge intense, de jaune vif, de vert Véronèse, de violet d'évêque, de blanc d'argent qui n'est pas de la neige comme on pourrait le croire, zébrant bizarrement leurs flancs décharnés. Ces colorations étranges, qu'expli-

quent sans doute des affleurements de marbres, de granits, de porphyres diversement
nuancés, étonnent et déroutent le regard. Le
peintre qui s'essaie à les rendre sait d'avance
qu'on ne croira pas à la fidélité de sa reproduction, car la nature doit avoir sa vraisemblance comme l'art. Il y a des effets vrais
sans doute, mais par trop singuliers, dont il
vaut mieux, peut-être, s'abstenir. Nous ne disons pas cela pour des artistes voyageurs qui
se sont donné pour mission d'insister sur les
côtés excentriques des côtes lointaines qu'ils
parcourent. Ces montagnes ont vraiment l'air
d'être tombées comme des aérolithes d'une
ancienne planète brisée en éclats. La caravane
arrive enfin au Wadi-Mokatteb (la Vallée-
Écrite), à une hauteur de deux cents mètres ;
les flancs de la montagne, aussi polis que des
marbres préparés exprès, sont couverts d'inscriptions sinaïtiques ; pendant plus de trois
kilomètres, ces signes extraordinaires tapissent littéralement les deux versants qui s'élèvent à pic comme deux immenses pages d'é-
criture.

Quel savant nous dira les mystères ainsi tracés par une main inconnue sur le dos même de la nature ? Quelle Bible, quelle Genèse, quelle philosophie propose son énigme sous ce gigantesque hiéroglyphe ?

Après avoir dépassé le Serbab, dont le dernier contre-fort va mourir à la mer, la petite troupe, au sortir du Wadi-Solaf, aperçut enfin la Montagne-Sainte. « En face de nous, dit M. Paul Lenoir, le Sinaï lui-même s'élançait dans l'espace, et son imposante silhouette se dessinait sur le fond des autres montagnes qui l'entouraient. Le Djebel-Catharine, qui le précède et le dépasse, nous émerveilla par ses proportions colossales ; quelques savants à la recherche de nouveautés et de contradictions historiques veulent faire de cette montagne le seul vrai Sinaï de l'Écriture. »

Sur la droite, à une hauteur extraordinaire, on aperçoit des constructions blanches, restes du palais qu'Abbas-Pacha eut la fantaisie de se faire bâtir dans des régions inaccessibles.

Le couvent du Sinaï, placé sur l'endroit
où la tradition veut que Dieu même ait donné
les tables de la loi à Moïse, a plus l'air d'une
forteresse que d'un couvent. C'est une construction solide, hermétiquement fermée,
destinée à déjouer les attaques et les surpri-
ses ; car les immenses richesses qu'il renferme
ont toujours excité les convoitises des barbares et des bandits. Naguère encore, le couvent
du Sinaï n'avait pas de porte ; on n'y péné-
trait que hissé dans un corbillon, au bout
d'une poulie, comme une botte de paille ou
un sac de farine dans un grenier. Ce mode
d'ascension ne sert plus qu'aux approvision-
nements. Les hommes entrent par une porte
pratiquée au bas de la muraille comme toutes
les portes. La gravure de ce couvent-cita-
delle nous a rappelé le monastère de Troïtza,
près de Moscou, qui a aussi cet aspect guerrier et renferme un trésor où les perles se
mesurent au boisseau.

Du Sinaï, nos voyageurs se transportent par
des chemins abominables à Pétra, une ancienne ville romaine monolithe pour ainsi

dire, car la plupart de ses édifices encore debout sont taillés dans le roc, et ont cette particularité de présenter des façades qui n'aboutissent à rien. Les tombeaux pratiqués au flanc de la montagne ont l'air de fenêtres où s'accouderaient les morts pour regarder les passants, s'il y en avait, ou de loges ouvertes sur le théâtre creusé à même le roc et où l'on peut compter encore trente-trois marches décrivant un hémicycle parfaitement distinct. Ces architectures ont du rapport avec le style des temples et des palais de Balbeck et surtout avec les édicules des décorations. Pétra, qu'on avait oubliée au désert comme les ruines de Palanqué au fond des forêts d'Amérique, est vraiment bien la capitale de l'Arabie Pétrée, — soit dit sans calembour. Elle s'élève solitaire sur d'immenses éboulements de blocs pierreux entre lesquels se glissent comme des reptiles des bédouins de la plus dangereuse espèce.

Et maintenant que nous avons accompagné nos artistes jusqu'à la plus périlleuse station de leur voyage, et que nous les savons hors de danger, laissons-les filer vers Jérusalem et retournons de notre côté à Paris, où le journal attend notre feuilleton et où descend du ciel un brouillard grisâtre, comme pour baisser le rideau sur cette féerie d'Orient.

LE NIL

Le Nil ! — Quel beau titre pour un livre de voyage ! A ce nom seul l'imagination se met en travail, la curiosité devient impatiente. — Qui n'a rêvé cent fois, en suivant sur la carte ce filet noir onduleux s'évasant dans la Méditerranée par de multiples embouchures, et dont la source est encore un mystère, de laisser là un jour tous les tracas mesquins de la vie, de partir, d'aller, de suivre les méandres du fleuve sacré, du vieil Hopi-Mou, le père des eaux, comme l'appelait l'antique Égypte, et de lui arracher son secret fidèlement gardé par tant de siècles, ou tout au moins d'explorer ses rives qu'encombrent les ruines de prodigieuses civilisations éteintes ? Ce vœu, resté pour nous à l'état de chimère caressée, M. Maxime Du Camp a pu l'accomplir; il a bu cette eau si salubre et si légère que ceux dont elle a mouillé les lèvres la préfèrent aux meilleurs vins du monde ; il a navigué dans sa cange sur cette vaste nappe à laquelle les anciens donnaient le nom d'*Oceanus*, s'enivrant d'aspects merveilleux, s'imprégnant de lumière, remontant le cours du passé avec celui du fleuve ! Heureux homme dont nous serions jaloux s'il n'était notre ami et s'il n'avait écrit son voyage, car c'est un devoir pour ceux qui ont le bonheur de visiter ces contrées aimées du soleil où le genre humain planta ses premières tentes, de raconter ce qu'ils ont vu, appris et retrouvé pendant leurs excursions lointaines. A notre avis, l'homme ne saurait avoir de plus noble occupation que de parcourir et de décrire l'astre qu'il habite.

Débarqué sur la plage d'Alexandrie, espèce de ville franque où le caractère de l'Orient s'est abâtardi ou effacé, et qui n'a pris de la civilisation que la laideur, M. Maxime Du Camp, après avoir jeté un regard à la colonne de Pompée, élevée sous Dioclétien, et aux aiguilles de Cléopâtre dressées dix-huit siècles avant le règne de cette belle reine, se dirige vers Rosette, pressé de voir le Nil, ce fleuve dont le nom le préoccupait depuis son enfance comme une incantation magique. — Qui de nous n'a pas été obsédé doucement par une fantaisie semblable? Göthe raconte dans ses Mémoires que des vues de Rome suspendues aux murailles du cabinet de son père lui donnèrent tout jeune un inexprimable désir d'Italie, et c'est peut-être à ces gravures que nous sommes redevables des *Élégies romaines*. Pour nous, Grenade a été longtemps la ville rêvée ; chacun se sent attiré vers un point du globe par de mystérieuses attractions que la psychologie n'a pas encore cherché à définir, et qui sont peut-être d'obscurs souvenirs de race.

Arrivé de nuit à Rosette, notre voyageur devance l'aurore comme un héros classique, court au fleuve, y plonge ses mains avec une joie enfantine que nous comprenons bien, et boit à longs traits son onde sacrée ! Peu s'en faut qu'il ne fasse une libation et un sacrifice au dieu humide, comme un Égyptien du temps des pharaons.

« Je l'avais imaginé très-beau, s'écrie-t-il dans le lyrisme de son enthousiasme, bien immense, couvert d'îlots où dorment les crocodiles, large et fécondant. Je ne m'étais pas trompé. Pendant six mois enfermé dans ma cange, j'ai vécu sur le Nil, que j'ai remonté et descendu ; chaque jour, du lever au coucher du soleil, j'ai regardé ses bords qui sont presque des rivages. Qu'il traverse les champs cultivés, qu'il baigne les pylônes des temples écroulés, qu'il arrose les forêts de palmiers, qu'il bondisse sur les noirs rochers des cataractes, qu'il s'élargisse jusqu'à ressembler à une mer, qu'il soit rétréci entre ses berges herbues, qu'il ait ses tempêtes quand souffle le khamsin, ou qu'il coule paisiblement sous le soleil, qu'il se gonfle ou s'abaisse, à toute heure je l'ai admiré, je l'ai sans cesse trouvé grand, pacifique et superbe, et j'ai toujours envié le sort de ceux qui sont nés sur les rives que j'irai voir encore. On cherche les sources du Nil, on ne les découvrira jamais; je crois, comme les Arabes, qu'il descend directement du paradis ! »

On voit que M. Maxime Du Camp était digne, par son talent et son amour, de décrire les beautés du Nil, qui n'eut jamais, même au temps de sa divinité mythologique, de prêtre plus convaincu ni plus fervent.

En sortant de Rosette, enfouie dans de vigoureuses masses de verdure, dattiers, tamarins, bananiers, colocasias, roseaux, cannes à sucre, qui laissent luire par leurs interstices quelques pans de murailles blanches, ou s'élancer au-dessus de leurs touffes un minaret bulbeux, M. Du Camp voit passer près de sa barque des canges aux grandes voiles ouvertes comme des ailes de cygne, et arrive bientôt devant le marabout du santon Abou-Mandour.

Même avant la brillante description du jeune voyageur, nous connaissions cette coupole laiteuse, aux ombres bleuâtres, à demi enveloppée par les frondaisons métalliques d'un immense sycomore. Marilhat avait été frappé, lui aussi, de l'aspect de ce dôme blanchi à la chaux, s'arrondissant sous un ciel d'un immuable azur, entre ces feuillages d'un vert vigoureux ; il en avait fait un tableau dont le souvenir ne s'est jamais effacé de notre mémoire et qui était comme un morceau d'Égypte encadré, tant le peintre avait bien rendu cette sérénité lumineuse et cette fraîcheur embrasée.

Ensuite notre voyageur se rend au Caire. — A un coude du Nil, il aperçoit, noyées dans les clartés du soleil levant, bleuies par le lointain, les pyramides de Giseh dessinant leurs gigantesques triangles, énormes énigmes de pierre posées à l'entrée des solitudes libyques et qui attendent encore leur OEdipe. Il longe les travaux interrompus du barrage commencé par Méhemet-Ali et abandonné par l'incurie d'Abbas-Pacha, et aborde au Caire découpant sa silhouette hérissée de minarets entre des zones de verdure et les escarpements jaunâtres du Mokattam.

La description spéciale du Caire n'entre

pas dans le plan du voyage de M. Maxime Du Camp dont le but est, si l'on peut s'exprimer ainsi, la monographie du Nil ; il en tire pourtant un crayon rapide où aucun trait essentiel n'est omis ; il retrace le dédale des ruelles étroites, encombrées d'ânes et d'âniers que surmonte la bosse d'un chameau au col d'autruche et remplies d'une foule bigarrée de fellahs, nus sous leur robe de cotonnade bleue ; de Turcs gênés par la redingote et le pantalon du Nizam ; de bédouins de Libye embossés dans leurs couvertures grises et les pieds entourés de chiffons ficelés de cordelettes ; d'Abbadiehs en caleçons blancs, portant des aiguillons de porc-épic dans leurs chevelures graissées de suif ; d'Arnautes avec leur fustanelle, leur veste rouge, leurs armes passées à la ceinture et leur longue moustache retroussée ; d'Arabes du Sinaï, drapés de haillons et ne quittant jamais leur cartouchière ornée de verroteries ; de nègres du Sennaar, de Mâgrebins en bournous ; d'Abyssins en turban bleu ; de Nubiens vêtus d'une guenille ; d'habitants de l'Hedjaz au coufieh jaune, aux sandales antiques, à la longue robe rouge ; de Wahabis à la mine austère et farouche ; de santons tout nus, de juifs changeurs de monnaies ; de femmes en habbarahs noirs, sorte de sac de taffetas d'où sortent des caleçons et des bottines jaunes, masquées d'un bourko d'étoffe blanche, ou, lorsqu'elles appartiennent à la classe du peuple, habillées d'une simple tunique bleue ouverte sur la poitrine et coiffées d'un milayeh, grande écharpe qui traîne à terre, et la figure couverte par un grillage de petites tresses de soie noire garnies de plaquettes d'argent.

Les mosquées, ces monuments si purs du bel art arabe, sont visitées avec une attention pieuse par M. Maxime Du Camp. Nous sommes forcé, bien à regret, de renvoyer au livre pour les descriptions si nettes, si littérairement plastiques, des mosquées de Sultan-Haçan, de Touloun, d'Amr-ben-el-âs, pour la scène du psylle charmeur de serpents, pour le retour des pèlerins de la Mecque, et l'étrange cérémonie du dosseh (piétinement), dans laquelle un chérif à cheval passe sur un chemin formé de deux mille dévots couchés à plat ventre, en mémoire d'un miracle opéré par le santon Saad-Eddin, qui, pour confondre des incrédules, marcha avec sa monture sur des vases de verre sans les casser. — Nous abandonnons mille détails curieux et caractéristiques, qu'il serait trop long d'indiquer.

L'auteur visite le grand Sphinx de granit rose, dogue fidèle accroupi au pied des Pyramides qu'il garde depuis tant de siècles, sans se lasser de cette faction qui ne finit pas. Il admire sa face camarde et le large sourire épanoui sur ses lèvres épaisses comme une ironie éternelle de la fragilité des choses humaines ; ses oreilles, sur lesquelles retombent les gaufrures des bandelettes sacrées, et qui ont entendu, comme la chute d'un grain de sable, l'écroulement de tant de dynasties ! Les pharaons, les Éthiopiens, les Perses, les Lagides, les Romains, les chrétiens du Bas-Empire, les conquérants arabes, les fatimites, les mameluks, les Turcs, les Français, les Anglais, ont tous marché sur son ombre et se sont dispersés comme l'impalpable poudre du désert emportée par le khamsin, — et le colosse est toujours là, évasant sa large croupe de monstre, allongeant ses pattes sur le sable en feu, et vous regardant de son visage humain.

L'ascension au sommet de la pyramide de Chéops accomplie, M. Maxime Du Camp pénètre en rampant, par des couloirs pleins de chauves-souris, jusqu'aux chambres intérieures ; mais la pyramide éventrée a gardé son secret et ne laisse voir au curieux qui l'interroge que des parois nues et un sarcophage vide. — Aux pyramides de Sakkara, sœurs naines et contrefaites des grandes pyramides de Gisch, s'effritant au soleil dans un désert pierreux de la plus morne désolation, M. Maxime Du Camp fouille le puits aux ibis, immense cimetière d'animaux sacrés s'étendant à des profondeurs inconnues, et il en retire des vases contenant des momies d'oiseaux gravement emmaillottées de bandelettes et poissées de bitume.

Ces excursions terminées, le jeune voyageur

part pour la haute Égypte et donne de curieux détails sur l'installation de la cange qu'il a frétée, et que dirige un patron nommé Reis-Ibrahim, commandant à un équipage d'une douzaine de matelots.

Tantôt ouvrant sa voile immense, tantôt poussée à la perche ou halée au cordeau, selon les caprices du vent, la cange s'avance, rencontrant de temps à autre ces radeaux de poterie qui descendent de la haute Égypte au Caire, longeant des rives plates ou escarpées, mais toujours splendides et magnifiques. — Antinoé, la ville bâtie par Hadrien en l'honneur d'Antinoüs, le favori qui se sacrifia pour lui, ne tarde pas à montrer ses ruines relativement modernes pour cette terre où quarante et cinquante siècles passent sur les monuments sans les abattre, et qui seraient encore debout sans la barbarie d'Ibrahim Pacha ; — à Antinoé se trouve la limite que les crocodiles ne franchissent jamais, selon les Arabes, appuyant leur dire d'une légende assez bizarre et dont il ne ferait pas bon contester l'authenticité.

Syout, où la cange s'arrête quelques heures, est le rendez-vous des Djellabs ou marchands d'esclaves, qui viennent du Sennaar et du Darfour, chassant devant eux leurs troupeaux humains. Syout est l'ancienne Lycopolis (la ville des loups). Les débris de ses anciens édifices ont servi aux constructions modernes ; mais la nécropole troglodytique existe toujours ; c'est une série d'excavations et de chambres carrées pratiquées dans le granit pâle de la montagne. Les sculptures de ces syringes découvrent un fait curieux, c'est que le cheval ne fut connu en Égypte qu'après l'invasion des pasteurs, car il ne figure pas dans les représentations militaires entaillées dans les parois. — La danse de l'abeille exécutée à Esné devant notre voyageur, par Koutchouk-Hanem (petite rose), égaye un peu ce que pourrait avoir de trop sévère cette suite de grands aspects, de tombeaux et de temples à demi enterrés. Cette étincelante figure, toute papillotante de sequins et de verroteries, avec sa fraîcheur juvénile et sa grâce voluptueuse, distrait agréablement des momies noires de natrum et roides dans leurs boîtes historiées d'hiéroglyphes. L'île d'Éléphantine, toute luxuriante de végétation, se présente bientôt; sur un rocher de la rive, on lit le cartouche de Rhamsès le Grand. — Les quais ont été bâtis par les Romains avec des matériaux pris à des constructions antérieures. Éléphantine est la Syène, dont l'antiquité a tant conté de merveilles. — De tout ce bruit, il ne reste que le grincement des sakiehs puisant l'eau au fleuve; de ces édifices, que des blocs enfouis sous l'herbe et rayés par le soc de la charrue. — Là finit l'Égypte et commence la Nubie; le teint des hommes est plus foncé et leur caractère plus féroce; les femmes ne se voilent plus, comme si la couleur obscure répandue sur leur visage était un masque suffisant. — Jeunes filles, elles vont nues, habillées de leur peau noire.

Au bouillonnement du fleuve on sent l'approche de la première cataracte. — Cette cataracte est, à proprement parler, une suite de rapides où l'eau glisse en tumulte sur des roches de granit et de porphyre aux formes monstrueuses et qui semblent avoir été pétries chaudes encore par les doigts d'un Titan, aux époques des remaniements cosmogoniques ; sous la direction de patrons du pays, les barques franchissent ces passages torrentueux, non sans érailler leur coque et se faire quelques avaries ; des carcasses de canges, coulées à fond, témoignent que l'opération n'est pas toujours heureuse, malgré l'habileté des pilotes.

Les rapides passés, M. Maxime Du Camp continue la remonte du fleuve jusqu'à la deuxième cataracte, tout joyeux d'avoir franchi le tropique du Cancer ; il visite Korosko, le temple d'Amada, le spéos de Derr, et arrive enfin à Ouadi-Halfa, le but et le terme de son voyage ; au delà est la Nubie supérieure, le vague, l'immense, l'inconnu, et c'est avec un soupir que l'auteur fait tourner la pointe de son embarcation vers le Caire. La descente se fait à la rame, et le voyageur explore successivement les spéos d'Ipsamboul, le temple de Seboua, de Maharakka, de

Dakkeh et de Kircheh ; il voit Philœ, le grand temple d'Isis, la Mammisi, le temple de Koum-Ombou, les grottes d'el Kab, Hermontez, Thèbes, les ruines de Louksor et de Karnac, la statue de Memnon, le tombeau d'Osymandias, le palais de Menephta, la salle des tombeaux des rois, le temple de Denderah, les hypogées de Beni-Haçan, les colosses, les sphinx, les obélisques, les pylones, et toute cette prodigieuse débauche de granit à laquelle la morne Égypte s'est livrée pendant une suite de siècles dont le nombre effraye, et qui semble déjouer les chronologies historiques et sacrées. M. Maxime Du Camp a décrit ces monuments merveilleux avec la couleur d'un artiste et l'exactitude d'un savant. Non content de les peindre, il les a rapportées en épreuves photographiques d'une grande perfection, qui illustrent son voyage de la façon la plus irrécusable. — C'est une série de planches curieuses, où l'on peut étudier l'art égyptien dans tous ses détails, et qui laissent bien loin derrière elles les gravures les plus exactes et les plus finies. — Aussi ce Nil est-il une des relations de voyage les plus intéressantes, les plus instructives et les mieux écrites qui aient paru depuis longtemps.

ÉGYPTE ANCIENNE

Que ce titre lugubre ne vous effraye pas ! le livre de M. Ernest Feydeau est, malgré son titre, de la plus attrayante lecture ; avec lui, la science n'implique pas l'ennui, comme cela arrive trop souvent; l'auteur de l'*Histoire des usages funèbres et des sépultures chez les peuples anciens* a voulu être accessible à tous, et chacun peut profiter du fruit de ses longues et consciencieuses recherches. Il n'a pas scellé son œuvre de sept sceaux comme un volume apocalyptique compréhensible pour les seuls adeptes. Il a cherché la clarté, le relief, la couleur, et donné à l'archéologie la forme plastique qui lui manque presque toujours. A quoi bon entasser des matériaux qu'on ne met pas en ordre, des pierres qu'on ne reconstitue pas en édifice, des couleurs dont on ne fait pas un tableau? Quel résultat le public, à qui, au bout du compte, sont destinés les livres, recueille-t-il de tant de travaux obscurs, de dissertations cryptiques, de fouilles ténébreuses dont les doctes auteurs semblent avoir masqué l'entrée comme les anciens Égyptiens, — la comparaison est de mise ici, — masquaient les portes de leurs tombeaux et de leurs syringes, afin que personne n'y pût pénétrer? Que sert-il de sculpter dans l'ombre d'interminables panneaux d'hiéroglyphes, que nul œil ne verra, et dont on se réserve la clef? M. Ernest Feydeau a eu cette audace de prétendre être artiste en même temps que savant; car le pittoresque ne nuit en rien à l'exactitude, bien que les érudits affectent en général de croire le contraire.

Augustin Thierry n'a-t-il pas puisé ses *Récits des temps mérovingiens* si vivants, si animés, si dramatiques et pourtant si vrais, dans l'histoire embrouillée, terne et diffuse de Grégoire de Tours? Le bouquin illisible de Sauval entre les mains de Victor Hugo n'est-il pas devenu *Notre-Dame de Paris?* Walter Scott et Shakespeare, l'un avec ses romans, l'autre avec ses drames, n'ont-ils pas rendu les plus grands services à l'histoire en faisant vivre des chroniques mortes, en rendant le sang et l'âme à des héros sur lesquels l'oubli tamisait sa poussière dans la solitude des bibliothèques? Croit-on que Balzac ne sera pas consulté avec fruit par les antiquaires de l'avenir, et regardé comme une précieuse mine de documents? Quel intérêt exciterait une pareille histoire domestique, intime et familière d'un auteur d'Athènes ou de Rome? on peut en juger par les fragments de Pétrone et les contes d'Apulée, qui en disent plus sur la vie antique que les écrivains les plus graves, à qui les événements font souvent oublier les hommes.

Dans un essai sur l'histoire des mœurs et coutumes, qui sert d'introduction à son livre, M. Ernest Feydeau a traité cette question de la couleur appliquée à la science, avec beaucoup de verve, de logique et d'éloquence. Il prouve comment, sans tomber dans le

roman, sans rien donner à l'imagination, et
tout en gardant à l'histoire son sérieux et
son autorité, on peut, par la lecture intelligente des textes, par l'étude et la comparaison des monuments, grouper autour des faits,
les mœurs, les usages, les singularités des
peuples disparus, mettre l'homme à côté de
la date, le fond de paysage, de ville ou d'intérieur derrière chaque événement, et l'arme
qu'il a réellement portée à la main du con-
quérant.

Les idées ont des formes, les choses se
passent dans des milieux, les individualités
revêtent des costumes que l'archéologie bien
entendue peut leur rendre. C'est là son rôle :
l'histoire trace le trait avec son burin, l'archéologie remplit le contour avec son pinceau. — Comprise de cette manière, l'histoire, c'est le passé rendu présent.

Ce secret de la vie, par une inspiration
qui peut d'abord sembler paradoxale, le no-
vateur archéologue est allé le demander à la
Mort. Le tombeau consulté lui a livré non
les mystères de la destruction, mais les usa-

ges de l'existence familière de tous les peuples de l'antiquité. Ce que la mémoire des
hommes a oublié, ce que les bibliothèques
dispersées ont laissé perdre, le sépulcre l'a
gardé fidèlement. — Lui seul, ouvrant sa
bouche sombre, répond aux questions qu'on
lui fait. Il sait ce qu'ignorent les historiens ;
il est impartial et n'a aucun intérêt à mentir,
à part l'innocente imposture de l'épitaphe.

Chaque génération, en descendant pour
toujours sous la terre, après s'être agitée
quelques minutes à la surface, écrit, sur le
mur de sa demeure funèbre, le mot vrai de
la civilisation contemporaine. Elle emporte
avec elle ses dieux, ses croyances, ses usages,
ses arts, son luxe, ses originalités, tout ce
qu'on vit et qu'on ne verra plus ; la main
des hommes roule des rochers, le vent du
désert pousse du sable, l'eau du fleuve dépose
du limon sur l'entrée perdue de la nécropole. Les puits se comblent, les couloirs
souterrains s'oblitèrent, les tombes s'enfoncent et disparaissent sous la poussière des
empires ; mille, deux mille, trois mille,

quatre mille ans se passent, et tout un peuple se retrouve dans un cercueil, sous un coup de pioche heureux.

Les anciens, différents en cela des modernes, passaient leur vie à préparer leur dernière demeure; l'histoire de leur sépulture contient donc en germe toute leur histoire; mais cette histoire, toute pleine de détails intimes, de faits mystérieux, de documents parfois énigmatiques, n'est pas faite comme l'autre, qu'on se contente de recopier de siècle en siècle; ce qu'il a fallu à l'auteur d'années d'études et de recherches pour créer son livre, en réunir les éléments, les analyser et les comparer, est excessif. Les Égyptiens, les Indous, les Assyriens, les Perses, les Hébreux, les Phéniciens, les Arabes, les Grecs, les Étrusques, les Romains et les Barbares seront tour à tour passés en revue dans deux volumes in-4° accompagnés de plus de 200 planches reproduisant les tombeaux et les processions funèbres des peuples que nous venons de nombrer, telles qu'ils les ont représentées eux-mêmes il y a trente ou quarante siècles sur leurs propres édifices. L'auteur, fidèle à son titre : *Histoire des usages funèbres et des sépultures des peuples anciens*, s'arrête au seuil de l'ère chrétienne; car, à l'avénement du christianisme, le monde antique finit et le monde moderne commence.

Lorsqu'il a bien défini la manière dont il comprend l'archéologie, l'auteur entame son sujet proprement dit. Remontant à l'enfance du monde, il peint la stupéfaction et la douleur de l'homme quand, pour la première fois, il vit mourir son semblable; l'entrée sur la terre de cette puissance inconnue et terrible, qu'on a depuis appelée la Mort, a quelque chose de solennel et de tragique. Le cadavre reste là, immobile et froid, au milieu de ses frères qui s'étonnent de ce sommeil qu'on ne peut interrompre, de cette pâleur livide et de cette attitude roide. A la surprise succède l'horreur, quand les signes de la décomposition se manifestent; on cache le corps sous des feuillages, sous des pierres amassées au fond d'une caverne, et chacun se demande avec terreur si cette mort est un cas exceptionnel ou si un destin pareil attend chacun dans un avenir plus ou moins éloigné. Les trépas se multiplient à mesure que la famille primitive avance en âge, et l'on comprend enfin que la mort est une fatalité inévitable. Du souvenir des ancêtres, de l'apparition de leurs spectres à travers les magies du rêve, de l'inquiétude du sort de l'âme après l'anéantissement du corps, naît, avec le pressentiment d'une autre vie, la première idée de Dieu. La Mort enseigne l'éternité et démontre d'une façon irréfragable un pouvoir supérieur à celui de l'homme. Les croyances à la métempsycose, aux voyages de l'âme dans d'autres sphères, aux rémunérations et aux châtiments selon les œuvres, s'établissent chez les peuples d'après le degré de civilisation qu'ils ont atteint. Chez les moins avancés, ces doctrines subsistent confuses, barbares, surchargées de superstitions et de bizarreries ; cependant, partout, le mystère de la tombe est entouré de vénération.

Aucune nation, on peut le dire, n'eut au même degré la préoccupation de la mort que l'ancienne Égypte ; aussi devait-elle tenir la première et la plus grande place dans un ouvrage du genre de celui que nous analysons. C'est un spectacle étrange que ce peuple préparant sa tombe dès le berceau, ne voulant pas rendre sa poussière aux éléments, et luttant contre la destruction avec une invincible opiniâtreté. Comme les couches de limon du Nil s'ajoutent les unes aux autres depuis une insondable antiquité, ainsi les générations de l'Égypte se rangent en ordre au fond des syringes, des hypogées, des pyramides, des nécropoles, avec leurs formes intactes, que le ver du sépulcre n'ose attaquer, repoussé par les âcres parfums du bitume. Sans les sacriléges dévastations des hommes, ce peuple mort se retrouverait tout entier, et ses innombrables multitudes pourraient couvrir la terre ; l'imagination effrayée recule devant la supputation des chiffres probables ; si la civilisation égyptienne eût duré dix siècles de plus, les morts eussent fini par chasser les vivants du sol natal ; la nécropole eût envahi la ville, et les momies roides dans leurs bandelettes se fussent dressées contre le mur du foyer.

M. Ernest Feydeau n'a laissé rien à dire sur les usages funèbres et les sépultures des Égyptiens. Cette étude, qui ne contient pas moins de deux cents pages in-4° illustrées de quarante planches d'une exécution admirable, est d'autant plus curieuse, qu'elle est faite, non d'après des livres (les Égyptiens n'ont laissé que quelques papyrus plus ou moins déchiffrés), mais d'après les monuments seuls et des milliers de dessins, examinés avec la plus scrupuleuse attention, contrôlés les uns par les autres et soumis à une sévère critique.

Vous n'avez pas oublié sans doute le merveilleux chapitre de *Paris à vol d'oiseau*, étonnante reconstruction édifiée par un poëte que l'archéologie, malgré ses progrès, aurait bien de la peine à prendre en faute ; eh bien, ce que l'auteur a fait pour le Paris gothique, M. Ernest Feydeau l'a tenté pour la Thèbes

des Pharaons, et cette restauration, aussi
complète que possible, que nul historien
n'avait essayée, se dresse devant les yeux
avec la netteté d'un plan en relief et la perspective d'un panorama. Thèbes aux cent
portes, disait Homère! l'antiquité ne nous
apprit pas autre chose sur cette aïeule des
capitales; M. Ernest Feydeau, lui, nous pro-
mène dans la ville de Rhamsès; nous fait
passer en revue tous les monuments, les temples, les palais, les maisons des citoyens, les
jardins, le port, les flottilles; il dessine et
colorie les costumes des habitants; il pénètre
dans les gynécées, il nous montre les musiciennes ambulantes, les danseuses, les peuples esclaves qui bâtissent pour le compte
des Égyptiens, les soldats manœuvrant au
champ de Mars, les processions d'Ammon,
les peuplades étrangères venant demander
un asile et du blé, les caravanes d'il y a trois
mille cinq cents ans apportant le tribut; puis
il décrit les collèges des prêtres, le quartier
des embaumeurs, les moindres détails de
l'embaumement, les services funèbres, la

construction des milliers d'hypogées et de puits funéraires qui doivent recevoir les momies; enfin il fait défiler à travers les rues de cette ville étrange le convoi d'un scribe royal avec son catafalque traîné par des bœufs, ses légions de pleureuses, son armée de serviteurs portant des armes, des offrandes.

Nous regrettons que l'étendue de ce morceau ne nous ait pas permis de le citer textuellement, la beauté du style s'y joint à la science. Assurément aucun voyageur moderne n'a tracé d'une ville encore existante, Constantinople, le Caire, Rome ou Grenade, un tableau plus détaillé, plus vivant, plus exact et plus pittoresque : on dirait que l'artiste, assis sur la terrasse d'un palais, dessine et peint d'après nature, comme s'il était contemporain de Rhamsès et que le sable n'eût pas recouvert de son linceul, que percent quelques ruines gigantesques, la cité à jamais disparue; et pourtant ne croyez à aucune supposition hasardée, à aucun remplissage téméraire. Chaque détail est justifié

par les documents les plus authentiques.
M. Ernest Feydeau a repoussé tout renseignement douteux ou susceptible seulement d'une double interprétation. Il semble avoir voulu prévenir la défiance soupçonneuse des savants qui n'admettent pas qu'on revête de poésie les sèches recherches de l'érudition, et qu'un traité archéologique puisse se lire avec le même intérêt qu'un roman.

Comme nous l'avons dit là-haut, les Égyptiens ne nous ont pas laissé de livres, et, s'ils nous en avaient laissé, la lecture des hiéroglyphes et même de l'écriture phonétique ou démotique n'est pas une science encore assez sûre d'elle pour qu'on s'y puisse fier absolument.

Heureusement, les Égyptiens (travail immense qui confond la pensée), à côté des inscriptions hiéroglyphiques, sur les murailles des palais et des temples, les panneaux des pylônes, les parois des corridors et des chambres funéraires, sur les flancs des sarcophages, sur les stèles, sur le couvercle et les cartonnages intérieurs des momies, enfin sur tout ce qui offrait une surface lisse, dans le roc, dans le calcaire, dans le granit, dans le basalte, dans le porphyre, ont gravé d'un trait ineffaçable et coloré de teintes qu'une si longue suite de siècles n'a pu altérer, des scènes où l'on retrouve, avec tous les détails, les usages, les costumes et les cérémonies de la plus ancienne civilisation du monde. — On dirait que ce peuple étrange et mystérieux, pressentant la peine qu'aurait la postérité à déchiffrer ses hiéroglyphes, en confiait la traduction au dessin et faisait dire aux hypogées le secret gardé par les papyrus.

Les pompes royales, les triomphes, les payements de tributs, tous les incidents de la vie militaire, les travaux agronomiques, les chasses, les pêches, les festins, les danses, les détails intimes du gynécée, tout est reproduit dans ces interminables peintures d'un trait si pur, que la différence des races, la variété des types, la forme des chars, des armes, des ornements, des meubles, des us-tensiles, des mets, des plantes s'y distingue encore aujourd'hui. Un facteur d'instruments pourrait certes fabriquer une harpe, une lyre, un sistre, d'après ceux dont jouent les musiciennes de ce repas funèbre représenté dans un tombeau de la nécropole de Thèbes ; le modèle d'un dog-cart sur une planche de carrosserie moderne n'est pas dessiné d'une manière plus précise que le profil du char qu'on voit figurer à la procession funèbre du basilico-grammate d'A-menoph III, roi de la 18ᵉ dynastie.

L'auteur ne s'est pas borné à ces détails purement matériels ; par l'examen des rituels funéraires qui, plus ou moins complets, accompagent chaque momie, par l'étude attentive des scènes allégoriques représentant le jugement de l'âme, dont les mérites ou les fautes sont pesés devant Osiris et les quarante-deux juges, il a pénétré les mystérieuses croyances égyptiennes sur l'autre vie. Admise dans l'Amenti ou chassée aux enfers, c'est-à-dire vers la région d'Occident, par les singes cynocéphales, espèces de démons exécuteurs, l'âme n'était cependant pas déliée de toute solidarité avec le corps. Son

immortalité relative dépendait en quelque
sorte de l'intégrité de celui-ci. L'altération
ou la privation d'un membre étaient suppo-
sées ressenties par l'âme, dont la forme eût
été mutilée dans son spectre impalpable, et
qui n'eût pu suivre, boiteuse ou manchote,
le cycle des migrations ou des métempsycoses.
De là le soin religieux de la dépouille humaine, les méthodes infaillibles et les précautions minutieuses de l'embaumement,
l'inébranlable solidité et le gisement secret
des tombeaux dont les prêtres seuls possé-
daient la carte, cette préoccupation d'éternité
dans la mort, qui caractérisent d'une façon
si originale les anciens Égyptiens et en font
un peuple à part, incompréhensible pour les
nations modernes, en général si empressées
de rendre à la terre et de faire disparaître les
générations qui les ont précédées.

Pendant cette longue intimité avec l'É-
gypte, M. Ernest Feydeau, qui n'est pas seulement un archéologue, mais encore un poëte,
après avoir sondé les mystères du vieux
royaume des Pharaons, s'est passionnément

épris de cet art que l'idéal grec, qui pourtant lui doit plus d'une leçon, nous fait trop mépriser. Il a compris en peintre et en statuaire cette beauté si différente de la nôtre et cependant si réelle.

Hathor, la Vénus égyptienne, lui paraît aussi belle que la Vénus de Milo. Sans partager tout à fait ce sentiment, nous aimons beaucoup ce dessin si pur, si fin, si svelte et d'un mouvement si juste. Malgré la contrainte hiératique qui ne permettait pas de varier les attitudes sacramentelles, l'art se fait jour en plus d'un endroit. Ces têtes au délicat profil, aux grands yeux allongés d'antimoine, ces bouches un peu épaisses que plisse une petite moue rêveuse ou un sourire vague comme celui des sphinx, ces joues arrondies contre lesquelles frissonnent de larges disques d'or, ces fronts ombragés par la fleur du lotus, ces tempes encadrées par les cordelettes de la chevelure saupoudrée de poudre bleue dans les processions funéraires, ont une beauté d'un charme étrange et pénétrant, en dehors de nos habitudes, et que personne n'a mieux rendue que M. Prisse d'Avennes, le dessinateur des planches annexées au livre de M. Ernest Feydeau. Quelle jeunesse, quelle fraîcheur, quelle pureté dans le corps élancé et menu, au sein vierge, à la taille souple, aux hanches étroites, de ces danseuses et de ces musiciennes marquant le rhythme de leurs doigts effilés et de leurs pieds longs et minces! Les Étrusques eux-mêmes n'ont rien fait de plus léger, de plus gracieux et de plus élégant sur la panse de leurs beaux vases, et l'on reconnaîtrait dans plus d'un bas-relief grec vanté des poses et des gestes empruntés aux fresques des nécro-poles et des temples d'Égypte; c'est à l'Égypte encore que la Grèce a emprunté, en les dé-gageant de l'énormité, ses ordres dorique, ionique et le chapiteau corinthien, où l'a-canthe remplace la fleur de lotus.

Comme on le voit, c'est plutôt aux statues, aux dessins et aux peintures qu'à Hérodote ou à Diodore de Sicile que M. Ernest Fey-deau est allé demander ses renseignements; aussi a-t-il fait un livre que tout le monde peut lire, l'homme du monde, l'artiste, et même le savant.

Félicitons sincèrement le conseil supérieur de l'enseignement, qui, à l'unanimité, a recommandé l'impression de cet ouvrage au ministre. Nous reviendrons sur son compte au fur et à mesure de sa publication. Nous attendons l'auteur aux Hébreux, que l'on ne connaît guère, aux Indous dont on parle peu, et aux Grecs que tout le monde connaît trop.

La suite de l'ouvrage contiendra un grand nombre de planches signées de M. Alfred Feydeau, architecte, frère de l'auteur. Nous le prévenons que celles déjà publiées et signées Prisse d'Avennes nous rendront très-exigeant ; jamais l'art égyptien n'a été plus admirablement interprété.

SALAMMBO

Depuis longtemps on attendait avec une impatience bien légitime *Salammbô*, le nouveau roman de M. Gustave Flaubert ; mais l'auteur n'est pas de ceux qui se hâtent. Sans mettre tout à fait en pratique le *nonum prematur in annum* d'Horace, il n'abandonne une œuvre qu'au moment où il la croit parfaite, c'est-à-dire lorsque soins, veilles, corrections, remaniements ne peuvent plus la perfectionner ; car chaque nature, quelque bien douée qu'elle soit, a cependant ses limites. L'aiguillon même du succès ne lui a pas fait presser son allure, et plusieurs années se sont écoulées entre la Française Mme Bovary et Salammbô la Carthaginoise.

C'est une hardiesse périlleuse, après une œuvre réussie, de dérouter si complétement le public que l'a fait M. Gustave Flaubert par son roman punique. Au lecteur qui voudrait peut-être du même, il verse un vin capiteux puisé à une autre amphore, et cela dans « une coupe d'argile rouge rehaussée de dessins noirs, » la coupe de la couleur locale enfin, à une époque où le sens du passé semble être perdu et où l'homme ne reconnait l'homme que lorsqu'il est habillé à la dernière mode. Sans doute l'étude des réalités actuelles a son mérite, et l'auteur de *Madame Bovary* a montré qu'il savait aussi bien que pas un dégager du milieu contemporain des figures douées d'une vie intense. Les types qu'il a créés ont leur état civil sur les registres de l'art, comme des personnes ayant existé véritablement ; et rien ne lui était plus facile que d'ajouter à cette collection quelques photographies d'une exactitude non moins impitoyable. Mais n'est-ce pas un beau rêve et bien fait pour tenter un artiste que celui de s'isoler de son temps et de reconstruire à travers les siècles une civilisation évanouie, un monde disparu ? Quel plaisir,

moitié avec la science, moitié avec l'intuition, de relever ces ruines enterrées sous les
écrasements des catastrophes, de les colorer,
de les peupler, d'y faire jouer le soleil et la
vie, et de se donner ce spectacle magnifique
d'une résurrection complète ! D'ailleurs, en
écrivant *Salammbô*, M. Gustave Flaubert,
loin de sortir de sa nature, y est plutôt rentré.
Les fragments de la *Tentation de saint An-
toine*, inédite encore, autrefois insérés dans
le journal *l'Artiste*, en sont une preuve con-
cluante. *Madame Bovary* ne fut en quelque
sorte qu'un exercice laborieux que l'auteur
s'était imposé pour mater son lyrisme, de
même qu'on fatigue par des courses dans les
terres labourées les chevaux trop fougueux
et prompts à prendre le mors aux dents.

On ne saurait exiger de *Salammbô*, roman
carthaginois, la peinture des passions modernes et la minutieuse étude de nos petits
travers en habit noir et en paletot sac. Et cependant la première impression que semble
produire le livre de M. Gustave Flaubert sur
la généralité des lecteurs, et même des criti-

ques, est une surprise désappointée. Ils sont tentés de s'écrier : « Peut-on être Carthaginois ! »

On le peut, l'auteur de *Salammbô* le prouve, mais ce n'est pas aisé. A la longue, le *delenda Carthago* du vieux Caton s'est accompli littéralement. Après bien des renaissances et des rechutes, Carthage a disparu, ne laissant pour ruines visibles que quelques arches d'aqueduc. Sa langue s'est perdue ; il n'en reste qu'un monologue et quelques mots dans le *Pœnulus* de Plaute, parodiés sans doute comme ces jargons hybrides par lesquels on imite dérisoirement au théâtre les idiomes étrangers. Les légendes des rares médailles puniques sont indéchiffrables ou d'une interprétation arbitraire. A défaut de monuments, M. Gustave Flaubert, avec une patience de bénédictin, a dépouillé toute l'histoire antique. Chaque passage se rapportant, de près ou de loin, à son sujet, a été relevé ; pour un détail, il a lu de gros volumes qui ne contenaient que ce détail. Non content de cela, il a fait une excursion investigatrice aux rives où fut Carthage, adaptant la science acquise à la configuration des lieux, interrogeant les flots rapides qui cachent tant de secrets, frappant le sable du talon pour en faire sortir une réponse à un doute, s'imprégnant de la couleur du ciel et des eaux, se logeant dans la tête la forme des promontoires, des collines, des terrains, de façon à bien planter le décor de son drame et de sa restauration, car *Salammbô* est à la fois l'un et l'autre.

La lecture de *Salammbô* est une des plus violentes sensations intellectuelles qu'on puisse éprouver. Dès les premières pages, on est transporté dans un monde étrange, inconnu, surchauffé de soleil, bariolé de couleurs éclatantes, étincelant de pierreries, au milieu d'une atmosphère vertigineuse, où se mêlent aux émanations des parfums les vapeurs du sang. Le spectacle de la barbarie africaine, avec ses magnificences bizarres, ses idoles bestiales, ses cultes féroces, son symbolisme difforme, sa stratégie de belluaire qui fait intervenir les monstres du désert dans les tueries humaines, son génie tortionnaire et mercantile tenant d'une main le fouet en lanières d'hippopotame, et de l'autre l'abaque à calculer, se déroule devant vous dans un éblouissement de lumière, comme si les rideaux du passé s'écartaient brusquement tirés par une main puissante, découvrant un théâtre où le décor des siècles a été laissé en place, au lieu de retourner au magasin de l'éternité. Une rumeur immense semble s'élever de ce début tumultueux qui nous fait assister à l'orgie des Mercenaires dans les jardins d'Hamilcar, et les feuillets retombent l'un sur l'autre avec un bruit de cuirasses remuées. Ces Mercenaires à qui Carthage ingrate chicane leur solde sont le plus étonnant ramassis d'aventuriers qui se soit jamais amalgamé sous un drapeau. Ils célèbrent l'anniversaire de la bataille d'Éryx, et, comme le général est absent, la licence soldatesque, libre de discipline, s'en donne à cœur joie.

Il y a là des hommes de toutes nations, et tous les idiomes s'entre-croisent dans le cli-

quels des plats, le choc des coupes et le bruit
des mâchoires. Les montagnes de viandes
disparaissent, les pyramides de fruits s'écrou-
lent, les mets insolites aux assaisonnements
exotiques sont ingurgités par ces appétits de
Polyphème. Les esclaves en vain font la
chaîne des cuisines aux tables. Des amphores
le vin ruisselle en cascades rouges sans pouvoir laver dans ces gosiers arides la poudre
des anciennes batailles. Bientôt la nuit tombe.
Les lueurs du pétrole enflammé dansent sur
les cratères d'airain, jetant des scintillations
inattendues aux reliefs des orfévreries et faisant glapir d'effroi les singes sacrés dans l'é-
paisseur des feuillages. L'ivresse, qui jasait
d'abord à mi-voix sur les lèvres épaissies,
éclate en chants obscènes, en cris farouches,
en hurlements orgiaques, en défis insensés :
ce qui restait de l'homme dans cette foule a
disparu. Les uns, étendus à plat ventre, appuyés sur les coudes, déchirent à belles dents,
comme des lions, un quartier de bœuf ; les
res boivent, plongeant la tête dans leurs
elles, ainsi que des animaux à l'abreuvoir ;

puis, le délire arrivant à son comble, les Mercenaires s'abandonnent à des gaietés énormes, à des facéties d'une brutalité colossale ; ils délivrent les esclaves de l'ergastule ; ils demandent les coupes de la légion sacrée ; tuent à coups de flèches, les lions de la ménagerie au fond de leurs fosses ; s'amusent à rendre camards les éléphants d'Hamilcar, en leur abattant la trompe ; pêchent dans le vivier les poissons ornés d'anneaux en pierreries, fétiches domestiques de la famille Barca, et les font frire sans nul respect, bien qu'ils descendent des lottes primordiales qui ont fait éclore l'œuf mystique où se cachait la déesse. Pour éclairer ces divertissements, comme si la lueur des flambeaux et des trépieds ne suffisait pas, ils mettent le feu aux arbres, et l'effrayante bacchanale, qui tourne au pillage et au massacre, se démène, à travers des flots de fumée rougeâtre, sur les tapis de pourpre déchirés, les vaisselles en pièces, les cadavres des serviteurs assommés, dans un ruissellement de vin et de sang, en hurlant sa clameur polyglotte.

Tout à coup, au dernier des étages en retraite du palais, dont la sombre masse domine les jardins, une porte s'ouvre, et laisse passer, dans un effluve lumineux, une figure étincelante, d'une beauté sidérale, qui descend le grand escalier d'ébène, accompagnée d'un cortége d'eunuques pinçant les cordes de grandes lyres. C'est Salammbô, la fille du suffète Hamilcar, une vierge fervente aux mystères de la déesse Tanit, et qui de ses longues adorations à l'astre des nuits garde comme une sorte de reflet argenté et de pâleur lunaire. A la vue de cette apparition baignée de voiles, étoilée de pierreries, que semble envelopper une atmosphère divine, et dont la lente démarche est réglée par une chaînette d'or reliant les chevilles, l'orgie stupéfaite s'arrête un moment. Salammbô déplore les poissons sacrés, invective les barbares qui la regardent, éblouis, et mêle à ses malédictions de vagues souvenirs théogoniques d'un sens profond et mystérieux, en langue chananéenne, idiome inconnu aux Mercenaires, frappés seulement de la musique de cette voix ; c'est bien l'initiée secouée de sa contemplation religieuse par une réalité violente et qui fixe sur les choses les yeux étonnés du rêve ; mais bientôt la femme se réveille et parle à chacun le langage de la patrie. Le Libyen Mathô, le roi des Numides Narr' Havas, dévorent la jeune vierge d'un œil ardent. Elle verse du vin dans la coupe de Mathô, et Narr' Havas, furieux, perce d'un javelot le bras du Libyen sans armes qui lui jette à la tête une table toute chargée de vaisselles et d'amphores. Pendant le tumulte, la fille d'Hamilcar remonte par l'escalier d'ébène jusqu'à la dernière terrasse du palais, et la porte noire à croix rouge de son appartement se referme derrière elle.

Les Mercenaires, dans la prostration qui suit l'orgie, commencent à avoir peur de leur œuvre. Ils se sentent seuls sur cette rive étrangère et comme enfermés au milieu d'un cercle de haine. Cette Carthage silencieuse qui sommeille encore à leurs pieds et que bleuissent les premières lueurs de l'aube les effraye malgré eux. Son calme même a

quelque chose de formidable. Mathô, ne sentant pas sa blessure, envahi qu'il est tout à
coup par un de ces amours qui ressemblent
à des possessions, escalade les terrasses du
palais et heurte en vain la porte de son épaule
athlétique. C'en est fait ! il ne distingue plus
dans l'univers que Salammbô. Pour la rejoindre, il se précipiterait à travers les
flammes. Mais il a été suivi par un esclave
échappé de l'ergastule, le Grec Spendius, fin,
souple, alerte, corps délié, esprit retors, qui,
se sentant dénué de courage physique, cherche une force brute qu'il puisse diriger, et
s'est choisi Mathô pour maître afin de dominer à son ombre. Il panse la blessure de
Mathô avec l'adresse d'un homme qui a fait
tous les métiers ; il le calme, il l'apaise
comme un enfant que berce sa nourrice, en
lui promettant Salammbô, mais il donne un
but politique à cet amour qu'il dédaigne en
homme revenu des femmes, et qui sait ce
qu'elles valent pour en avoir vendu. Selon
lui, on ne peut avoir la fille d'Hamilcar qu'en
prenant Carthage, cette caverne de trésors et

de puissance. L'armée des Mercenaires est là, sans chef, tumultueuse, inquiète, mécontente, admirable instrument à qui saura le saisir. Mathô ne l'écoute pas : toute son âme suit au loin la roue d'un char qui tourne au soleil levant comme un disque d'or et emporte Salammbô. Mais Spendius ne se décourage pas facilement, et il s'attache au Libyen, dont, à force de soins caressants, il parvient à capter la bienveillance distraite.

C'est ainsi que s'ouvre ce livre splendide et monumental. Devant cette merveilleuse peinture d'une composition si multiple et si compliquée, d'un dessin si robuste et d'une couleur si chaude, où revivent avec leurs traits caractéristiques, leurs costumes restitués, leurs attitudes nationales, tous ces types oubliés de peuples barbares, on craint que l'auteur, mauvais ménager de ses ressources, n'ait donné dès le début, son suprême effort et commencé par ce qui aurait dû être le tableau final. N'ayez pas peur ; cette riche palette a des nuances infinies et ne s'épuise pas sur une seule toile, fût-elle gigantesque.

Ces formidables manières de s'amuser effrayent Carthage, qui se débarrasse adroitement des Mercenaires en les comblant de caresses et en les envoyant à Sicca attendre le règlement de leur solde, sous prétexte qu'une si grande multitude affamerait la ville. Chaque soldat a reçu une pièce d'or, et ils s'en vont joyeux et pleins d'espérance par la rue Khamon et la porte Cirta. Ce défilé que regarde le peuple du haut des murailles fournit à l'auteur l'occasion de montrer une armée antique en marche, avec une puissance de vie et de relief extraordinaire. Ce n'est pas une description, c'est une évocation. On les voit passer comme si l'on était soi-même sur la terrasse d'une maison carthaginoise, ces archers, ces hoplites, ces soldats de tous les pays aux armures bosselées, aux cottes de mailles effrangées, aux visages noircis par le hâle des combats. Les aigrettes de leurs casques ondulent, leurs lances brillent au soleil; on entend le rhythme de leurs cothurnes en bronze, le froissement de leurs glaives, le bruit cadencé de leurs respiralions, tandis qu'en masses compactes ils coulent à pleins bords par les rues étroites qu'ils semblent près de faire éclater. Puis arrivent les malades, les blessés montés sur des dromadaires, les goujats, les maraudeurs, toute cette plèbe impure et rapace qui suit les armées; et bientôt l'immense cortége se perd à l'horizon.

En traversant cette nature africaine qui devient de plus en plus farouche à mesure qu'on s'éloigne de Carthage, les Mercenaires, la plupart hommes du Nord, éprouvent comme une vague inquiétude; ils ont peur de se perdre au pays du sable, de la famine, de la soif et des épouvantements. Ils voient des lions mis en croix par les paysans comme ailleurs on cloue aux portes des chouettes ou des buses. Des végétaux féroces les piquent de leurs pointes vénéneuses, les moustiques les harcèlent sans répit; déjà les maladies les assaillent, quand enfin ils aperçoivent les murailles de Sicca, où les prêtresses de Tanit les attendent, bizarrement parées et jouant de la harpe.

L'armée campe autour de la ville, trop petite pour la contenir, et sa multitude fourmille en proie aux agitations sourdes, aux mécontentements que fomente Spendius, et aux colères qu'excite le retour de Zarxas, le chef des Baléares, sur qui Carthage a fermé ses portes et qu'elle a massacrés avec des raffinements de cruauté inouïs, faisant de leurs supplices des holocaustes à ses dieux atroces. Zarxas seul s'est échappé, et raconte aux Mercenaires, qui croyaient que leur arrière-garde s'était égarée, le sort de ses compagnons. L'exaspération est au comble, quand paraît, balancé par sa litière, le suffète Hannon, apportant un à-compte sur la solde. Jamais l'art n'a rendu une figure plus terriblement repoussante et d'une hideur plus sinistre que celle de ce suffète, en qui semblent se résumer les monstruosités de Carthage et les gangrènes de l'Afrique. Sous les plaques d'or et les pierres précieuses des colliers, sous le ruissellement des parfums et des onguents, sous les plis de la pourpre, au milieu de son luxe de richard et de volup-

tueux, la lèpre immonde le dévore, et il fait
envoler de sa peau, en la grattant avec une
spatule d'aloès, une poussière blanche comme
la râpure de marbre. Ses chairs flasques dé-
bordent par-dessus les bandelettes qui les
compriment; son menton pend comme un
fanon de bœuf; dans sa face bouffie et pâle
ses yeux aux cils rares reluisent d'un éclat
métallique, et son nez crochu se recourbe en
bec d'oiseau. On dirait une grosse idole in-
forme couverte d'ex-voto barbares. Il essaye
de haranguer cette soldatesque effrénée qui
l'entoure tumultueusement et ne comprend
pas un mot de punique. Spendius se nomme
traducteur d'office, et, conservant avec art
quelques noms reconnaissables, il travestit
si bien le discours de Hannon, que les Mercenaires, furieux, veulent assommer le suffète, qui n'a que le temps de se sauver, aban-
donnant son bagage, ayant pour monture un
âne, lapidé par les monnaies de la solde, et
poursuivi des injures les plus infâmes.

Spendius, l'auteur de ce mouvement, n'est
pas homme à n'en pas profiter. Il souffle sur

le feu qu'il a allumé, excite Mathô le Libyen,
qui s'est raccommodé avec Narr'Havas, en
lui montrant Salammbô dans Carthage. Sans
passion lui-même, il comprend la passion des
autres. Il a tant vu de jeunes hommes le
supplier quand il était marchand de femmes!
Tout le camp s'ébranle; on arrache les pi-
quets des tentes, on charge les bêtes de
somme, et la cohue des Mercenaires se rue
par le chemin qui l'avait amenée. Mathô
s'élance sur le cheval que lui présente Spendius. L'espoir l'a relevé des prostrations
d'un amour impossible.

Au bout de quelques jours, Carthage voit
avec épouvante apparaître sous ses murs l'armée des barbares qui, d'abord, ne montrent
que des intentions pacifiques, mais dont les
messagers, porteurs de palmes vertes, sont
repoussés à coups de flèches, tant l'effroi
qu'inspirent les Mercenaires est grand!

Le rusé Grec, qui, pour y avoir été esclave,
connaît l'intérieur de Carthage, nourrit un
projet d'une audace insensée et qui peut
changer la face de la guerre : l'enlèvement

du Zaïmph ou voile de Tanit, espèce de palladium auquel la superstition populaire croit le sort de la ville attaché. Il laisse donc les soldats regarder de loin l'Acropole s'élevant au centre de Byrsa avec son désordre de monuments, temples à colonnes torses, cônes rayés d'azur, dômes de cuivre, obélisques posés sur la pointe, et cherche à démêler parmi l'entassement des maisons cubiques la place des temples : Khamon, aux tuiles d'or ; Melkarth, que couronnent des branches de corail ; Tanit, coiffé de sa coupole d'airain, et les idoles colossales élevant au-dessus des édifices leurs têtes monstrueuses. Le panorama de Carthage l'occupe peu, mais il étudie scrupuleusement l'aqueduc qui fournit les réservoirs de la ville ; et, une belle nuit, deux poignards fixés sous les aisselles, armé d'une corde, terminée par un crampon, il escalade avec Mathô les superpositions d'arches, lève une dalle et pénètre dans le conduit des eaux, suivi du Libyen. Ce voyage aveugle dans le courant noir de l'aqueduc, dont la voûte s'abaisse parfois sur leurs têtes jusqu'à les toucher, par une atmosphère raréfiée, humide et lourde, vous oppresse la poitrine comme un cauchemar. Souvent la respiration vous manque, ainsi qu'aux deux nageurs, et vous poussez un soupir de satisfaction quand ils débouchent dans la vaste citerne et gagnent enfin l'air libre.

A travers le dédale des rues muettes, Spendius et Mathô se glissent vers le temple de Tanit et y entrent sans rencontrer d'obstacle. Le sanctuaire est si vénéré, si bien défendu par la terreur superstitieuse qu'il inspire, qu'on ne songe pas même à le garder. D'un pas léger ils parcourent de hautes salles pleines d'ombre et dont le plafond découpé laisse voir les scintillations des étoiles, des chambres éclairées par de faibles lueurs, aux murailles peintes de symboles cosmogoniques d'une monstruosité primitive, qui semblent vivre d'une sorte de vie difforme. Ils enjambent les prêtresses de Tanit tatouées de fard, luisantes d'aromates, plaquées de clinquant, qu'on prendrait, à les voir endormies sur le plancher, pour des idoles descendues de leur piédestal et couchées à terre. A mesure qu'ils avancent, l'effroi religieux augmente. Des parfums enivrants brûlent dans les cassolettes; des formes innommées grimacent à travers les pénombres mystérieuses; des lueurs bizarrement colorées traversent les ténèbres, et des tapis en peau de panthère jaillissent sous le pied des étincelles électriques. Mathô, effrayé de son sacrilége, voudrait retourner sur ses pas; mais Spendius, qui n'a aucun préjugé en fait de religion et ne croit qu'à l'oracle, le pousse en avant, et bientôt, au fond du Saint des saints, ils découvrent le Zaïmph cachant à demi la statue de la déesse, le Zaïmph que nul ne peut voir sans mourir, tout constellé d'étoiles, tout chamarré de monstres sacrés et de bêtes emblématiques, « à la fois bleuâtre comme la nuit, jaune comme l'aurore, pourpre comme le soleil, nombreux, diaphane, étincelant, léger ! »

Spendius, car Mathô n'ose y toucher, détache le voile aussi familièrement qu'il eût enlevé jadis le manteau d'une courtisane

pour la montrer à l'acheteur et le jette sur
les épaules du Libyen; maître du Zaïmph,
drapé dans le palladium de Carthage, Mathô
se sent une puissance surhumaine, et il n'a
plus qu'une idée, se présenter à la fille d'Hamilcar, enveloppé pour ainsi dire de la divinité qu'elle adore avec tremblements, du
mystère que sa rêverie ose à peine sonder.
Quelque périlleuse que soit cette visite, Spendius comprend à l'exaltation de Mathô qu'il
ne saurait s'y opposer sans faire tourner cette
folie en fureur. Mathô monte l'escalier d'é-
bène par lequel est descendue Salammbô le
jour de l'orgie des Mercenaires, pousse la
porte noire à croix rouge, et à la clarté d'une
lampe d'argent, faite comme une galère, il
découvre au fond d'une suite de chambres
somptueuses la jeune vierge endormie sous
une gaze dans un hamac d'azur. Salammbô
s'éveille, et, à la vue du sacrilége revêtu du
Zaïmph, son indignation éclate en cris per-
çants. De toutes parts des esclaves accourent,
et Mathô ne s'échappe que grâce à la terreur
qu'inspire le voile de la déesse. Pour arrêter

le voleur, il faudrait toucher le tissu sacré. Cette même crainte protége le Libyen quand la populace le poursuit dans les murs de Carthage, et il peut à travers la grêle de flèches qu'on lui lance de loin et sans viser, car il faudrait regarder le Zaïmph dont la vue donne la mort, gagner une porte de la ville, dont sa force prodigieuse lui permet de tirer la chaîne.

Les Mercenaires ont retenu prisonniers, avec toutes sortes d'outrages, Giscon et les députés chargés de leur payer leur solde. Leur insolence s'augmente par l'abattement de Carthage, à qui le rapt du Zaïmph, âme mystérieuse et sacrée de la ville, enlève une immense force morale. Mathô, possesseur du saint voile, prend, aux yeux des barbares, une grande importance, et il est nommé chef d'un des trois corps d'armée qui vont attaquer avec ensemble la puissance punique ; car, à quoi bon assiéger Carthage si l'on ne bloque en même temps Utique et Hippo-Zarite, d'où elle pourrait se ravitailler par mer ?

A partir de là, le livre entre en plein dans l'histoire, sauf à reprendre plus tard le roman. Hannon est envoyé au secours d'Utique qu'assiége Spendius, et il ne se met en campagne qu'après de longs et minutieux préparatifs où perce son génie rusé, prudent et féroce, profondément punique. Carthage, qui n'est pas une ville de constitution guerrière, et qui achète habituellement les bras dont elle a besoin, a cette fois armé ses habitants avec une surcharge offensive et défensive embarrassante. La bataille, qui semble d'abord perdue par les Mercenaires, change bientôt de face, grâce à un stratagème de Spendius. Des troupeaux de porcs, frottés de bitume en flamme, sont lâchés entre les jambes des éléphants carthaginois. Les lourdes bêtes, effarées, se retournent et mettent le désordre parmi les soldats d'Hannon qu'ils foulent aux pieds et qu'achèvent les barbares. La perte est immense, et le suffète regagne à grand' peine, avec quelques débris, Carthage où le découragement produit par cette défaite est si profond, qu'on néglige de crucifier, selon

l'usage, le général vaincu. On regrette Hamilcar, et l'on vote des holocaustes pour son
retour. La république paye cher son ingratitude envers ce grand homme, le seul peut-
être qui pût la sauver.

Tout à coup l'annonciateur des lunes, qui
veille toutes les nuits au haut du temple
d'Eschmoun, signale une galère à trois rangs
de rames qui fend l'azur d'un vol léger. A
la proue, un cheval d'ivoire semble piaffer
dans l'écume, et près du pilote, en s'abais-
sant, la voile découvre un homme debout, la
tête nue, les flancs cerclés de fer avec
une pourpre qui lui tombe de l'épaule. C'est
Hamilcar, envoyé sans doute par les Baalim,
protecteurs de la cité. La galère rase, au
coin du môle, l'idole destinée à arrêter les
tempêtes, et pénètre dans le port militaire
où moisissaient quelques vaisseaux désempa-
rés exhalant encore la senteur des voyages
lointains et montrant les cicatrices des combats anciens. Le suffète de la mer franchit
le seuil de la maison amirale, et sous le ves-
tibule retrouve les cendres de la cassolette

allumée à son départ pour rendre les dieux favorables. Il monte au plus haut étage, et, dans
un sanctuaire inaccessible à tout autre que
lui, il adore avec un recueillement profond
les *abbadirs* ou pierres noires tombées de la
lune. La nouvelle de son retour s'est propa-
gée, ses principaux partisans accourent;
mais ce qu'Hamilcar écoute le plus complaisamment, ce sont les nouvelles de son fils
Hannibal que lui donne le gouverneur de
l'enfant, entré dans Carthage sous le dégui-
sement d'une vieille négresse. Redoutant la
haine de la république et les sacrifices a
Moloch, le suffète a fait élever ce précieux
rejeton loin de tous les yeux, au fond d'un
asile ignoré où il croît en force, en audace et
en génie, comme s'il avait aux veines du
sang divin.

Rien n'est magnifique et terrible comme
l'assemblée nocturne des Anciens, où assiste Hamilcar, et qui se tient dans le temple de Moloch, bâti en forme de tombeau.
Des lions familiers, allongés comme des
sphinx, se lèvent nonchalamment à l'entrée

des Anciens et se frottent à leurs jambes, en
faisant le gros dos. Le lieu de l'assemblée est
le sanctuaire même du dieu dont le simu-
lacre horrible se dresse au fond de la salle,
derrière un tas de cendre humaine où fume
un feu assoupi. Des escabeaux d'ébène sont
rangés près des murs qu'éclairent faiblement
des lueurs lugubres et dont la couleur rouge
s'assombrit et devient noire en approchant
du plafond, tant la salle est haute. Ce sont
des figures bien faites pour ce fond sinistre
que celles de ces Anciens, vieux pirates,
vieux marchands, vieux politiques sans scru-
pule et sans pitié, enveloppant leur férocité
d'astuce, masques convulsés par d'atroces
passions, et rappelant des configurations bestiales. Hannon surtout est affreux dans ses
purulences plâtrées, et la jalousie qu'il nourrit contre la famille Barca donne à sa physionomie ignoble, mais terrible, l'expression
la plus bassement atroce. Le conseil est tumultueux, mais le génie d'Hamilcar finit
par dominer ces rancunes, ces haines, ces
lâchetés, ces perfidies, ces ambitions, ces

rivalités, et, montant les degrés de l'autel, ce qui équivaut à s'offrir en holocauste au dieu, si la parole n'est pas tenue, le suffète prend sur lui le salut de Carthage.

Quoiqu'il affecte un air impassible, un mot envenimé a fait plaie dans son cœur. A travers les sifflements de l'envie aux abois, le nom de Salammbô, le nom sacré de sa fille, a été prononcé avec des ricanements grossiers, des allusions obscènes. Un homme a été vu sortant le matin du palais d'Hamilcar, rayonnant et drapé du Zaïmph. La timide vierge choisit ses amants parmi les Mercenaires. De retour à son palais, il prend l'émotion de Salammbô, qui vient devant lui toute frissonnante encore d'horreur à l'idée du sacrilége commis, pour l'aveu tacite de la faute. Il la foudroie d'un geste terrible, mais il ne dit rien : sa fière paternité ne veut savoir aucun détail. Par un puissant effort sur lui-même, il se calme soudain, et comme chez les Carthaginois même un héros contient un marchand, Hamilcar appelle ses intendants, ses capitaines au long cours ; il se fait montrer les registres et les livres de compte, puis il visite ses magasins et ses trésors. Cette revue dépasse en éblouissements les plus merveilleux contes arabes, et la pauvreté moderne reste confondue devant cette accumulation de richesses antiques. Ce sont des entassements de fer, d'airain, de plomb, des chantiers de lingots d'argent rangés comme des bûches, des montagnes d'outres laissant échapper la poudre d'or par leurs coutures trop vieilles; des forêts d'ivoire, des monceaux de gomme, d'encens, d'aromates, de plumes d'autruche. Mais que sont ces marchandises, si précieuses pourtant, à côté des richesses qu'enferment les chambres souterraines sous la garde d'esclaves attachés par le ventre et qui ne voient jamais la lumière du jour: monnaies d'or de tout volume et de tout pays, diamants, escarboucles, topazes, opales, cérannies ou pierres de foudre, calcédoines préservant du poison, émeraudes, saphirs, carapaces de tortues pleines de perles, sans compter le caveau secret, le trésor mystérieux où sont les richesses innommées et dont l'imagination n'oserait rêver la valeur?

L'aspect de cette fortune énorme, inépuisable, éternelle, pour ainsi dire, qui venait des aïeux, qu'il avait continuée et que les descendants devaient recueillir, de cette fortune où les déprédations des barbares faisaient à peine un vide, donne au suffète un sentiment de force calme, une conscience profonde de son pouvoir, et il commence ses préparatifs pour attaquer les Mercenaires. Son début de campagne est un coup de génie. La petite armée carthaginoise, conduite par lui, marche silencieusement le long de la mer, traverse les sables imprégnés de sel et passe à gué le fleuve Macar. L'armée de Spendius, occupée au siége d'Utique, entend une vague rumeur dans un tourbillon de poussière. Ce sont les ennemis. Les Mercenaires courent aux armes et le combat s'engage.

M. Gustave Flaubert est un peintre de batailles antiques, qu'on n'a jamais égalé et qu'on ne surpassera point. Il mêle Homère à Polybe et à Végèce, la poésie à la science, l'effet pittoresque à l'exactitude stratégique : il fait manœuvrer les masses avec une aisance de grand capitaine et, difficulté que n'eurent pas les plus illustres généraux, il doit conduire à la -fois deux armées, seul joueur de cette double partie où il gagne la victoire et poursuit la déroute. Comme il dispose les phalanges et les syntagmes, comme il étend les ailes, comme il tient en réserve les éléphants à son centre de bataille, comme il laisse s'engager l'ennemi par les vides ouverts exprès dans les lignes qui se referment sur lui et l'enveloppent, le rabattant sur les carrés hérissés de piques ! Quelle effrayante peinture que celle de ces éléphants aux défenses aiguisées de pointes en fer, au poitrail plastronné d'un disque d'airain, au dos chargé de tours pleines d'archers, et dont la trompe barbouillée de minium fauche avec le coutelas qu'y fixe un bracelet de cuir les têtes et les bras des combattants ! Avec quelle pesanteur formidable ils pivotent sur euxmêmes dans la mêlée, étalant autour d'eux

des cercles de carnage ! M. Gustave Flaubert
n'est pas moins habile aux siéges qu'aux batailles. Il construit des hélépoles comme
Démétrius Poliorcète, courbe le ressort des
balistes, lâche la détente des catapultes,
balance les béliers, fait avancer la tortue,
dresse les échelles et ne néglige aucun des
engins destructifs de l'antiquité mieux ou-
tillée, sous ce rapport, que les modernes ne
le croient et que l'absence d'artillerie ne
peut le faire supposer. On ne saurait s'imaginer la furie et l'acharnement de ces assauts
qui paraissent décrits par un témoin ocu-
laire, tant ils sont rendus avec une fidélité
vivante.

La victoire obtenue par Hamilcar n'a point
sauvé la situation. Revenus de leur surprise,
les barbares, réunissant les corps d'armée
de Spendius, de Mathô et d'Autharite, harcèlent la petite troupe du suffète, bientôt réduite aux pires extrémités. Carthage se la-
mente et s'effraye sans envoyer de secours.
Le serpent Python est malade, le Zaïmph
appartient aux barbares; il y a longtemps

qu'on n'a sacrifié à Moloch, et l'idée d'une
grande expiation humaine commence à circuler dans la foule ; les mères effrayées
serrent leurs enfants contre leur sein. Salammbô, conseillée par Schahabarim son
directeur spirituel, essaye d'aller reprendre
le voile de Tanit sous la tente de Mathô,
comme une autre Judith chez un autre Holo-
pherne, et elle y réussit aux mêmes con-
ditions sans couper la tête du Libyen, il est
vrai. Quand elle sort du camp, elle peut
hâter le pas, car la virginale chaînette
d'or n'entrave plus ses mignonnes chevilles.

A la vue du Zaïmph, les Carthaginois
d'Hamilcar reprennent courage, et la dé-
fection de Narr'Havas, le roi des Numides,
à qui le suffète fiance prudemment sa fille,
change pour un moment la face des choses.
Les barbares éprouvent un échec, Hamilcar
peut se replier sur Carthage dont les Mercenaires commencent le siége. Tout ce morceau
du siége est d'une grandeur épique. Spendius
parvient à couper l'aqueduc dont les eaux

désormais s'épanchent hors de la ville tor-
turée par la famine et la soif, mais qu'anime
à la défense l'indomptable courage d'Hamilcar. Aux Mercenaires se joignent les tribus ennemies ou mal soumises, toujours
impatientes du joug punique si dur à porter.
Carthage semble bien décidément perdue.
On décrète l'immolation à Moloch de trois
cents enfants de familles nobles. Le suffète,
éperdu de terreur, ne parvient à sauver le
petit Hannibal qu'en y substituant l'enfant
d'un esclave. Pendant toute une journée, le
hideux colosse de fer chauffé au rouge jette
dans la fournaise de sa poitrine, avec ses
longs bras mus par des mécanismes cachés,
des poignées d'innocentes victimes dont la
chair s'évapore aussitôt et produit une légère fumée blanche au milieu de l'embra-
sement écarlate. Ses prêtres hurlent des
hymnes, les instruments tonnent avec une
intensité sauvage, les cassolettes répandent
des parfums vertigineux, et le délire s'empare de la foule furieuse qui, croyant fléchir
en la rassasiant la cruauté des Baalim, ap-

porte sans cesse de nouveaux holocaustes. Jamais la férocité des cultes africains n'a été peinte avec de plus fortes couleurs. On se demande avec effroi si vraiment de telles horreurs ont pu exister, mais on se répond que les autodafés à peine éteints valent bien les antiques sacrifices à Moloch le Dévorateur. La pluie qui tombe après cette effroyable immolation semble aux Carthaginois un signe que le courroux du dieu s'est apaisé. Quelque espoir leur revient. Narr'Havas, en longeant le rivage mal gardé par les barbares, est parvenu à se jeter dans Carthage avec des troupes et quarante éléphants chargés de vivres. Ainsi renforcé et ne craignant plus de laisser la place dégarnie, Hamilcar fait une sortie par mer, et sa galère, armée à chaque bout d'une catapulte, disparaît bientôt dans la brume azurée, suivie d'une flottille de navires.

Hamilcar, débarqué sur un point de la côte avec sa petite troupe, parcourt la campagne, soulève les tribus, sème partout la division et fait si bien qu'il finit par attirer un des corps d'armée des barbares dans le défilé de la Hache, une espèce d'entonnoir muré de rochers à pic où il les enferme et les laisse se manger entre eux. Hannon a moins de chance avec Mathô, qui le bat, le fait prisonnier et l'attache à une croix, dont les clous ont grande peine à retenir suspendues ses chairs flasques et pourries. Le supplice du vieux suffète est vengé en même temps qu'il s'accomplit, car de l'autre côté de Tunis qui lui masque le gibet d'Hannon, Hamilcar fait mettre en croix les dix chefs mercenaires qu'il a retenus comme otages, et parmi lesquels se trouve Spendius, qui retrouve du courage pour mourir. Seul, Mathô tient encore, et, dans l'ennui d'une situation si horrible, dévoré par le souvenir de Salammbô, il accepte, pour abréger une agonie qu'il pourrait peut-être prolonger, une décisive et suprême bataille. Après tant de combats, on pourrait croire M. Gustave Flaubert fatigué de sang et de carnage : il n'en est rien. Cette dernière tuerie, où les combattants ayant brisé leurs armes se mordent au visage comme des chiens, étincelle de beautés affreuses. On en suit les poignantes péripéties avec une anxieuse horreur.

Enfin Carthage a vaincu. De tous les Mercenaires, il ne reste plus que Mathô, dont la mort, qu'il cherche, semble ne pas vouloir. Fait prisonnier, il est livré à la populace de Carthage, qui le déchiquète à coups d'ongles, car il a été défendu d'employer plus de trois doigts pour le frapper, et il vient mourir, masse rouge qui n'a plus d'humain que le regard, devant la terrasse où se célèbrent avec pompe, comme une fête nationale, les noces du roi des Numides et de Salammbô. Dès que Mathô est tombé, l'eunuque Schahabarim se précipite sur le cadavre, lui ouvre la poitrine, en tire le cœur, le pose sur une cuiller d'or, et en offre la chaude fumée au soleil couchant. A ce spectacle qui fait rugir Carthage d'une joie titanique, la fille d'Hamilcar pâlit, ses yeux se ferment, son corps s'affaisse sur le bras de Narr' Havas. Elle a compris qu'elle aimait Mathô, et son âme le suit. Ainsi finissent le sacrilége et

l'imprudence qui ont touché au voile de Tanit !

Cette réduction au trait d'un tableau ardem-
ment coloré n'en donne sans doute qu'une
idée bien incomplète, mais elle en indique
les masses principales, et peut faire du moins
comprendre cette gigantesque composition
si en dehors des habitudes littéraires de l'é-
poque. Une impersonnalité absolue y règne
d'un bout à l'autre, et jamais la main de
l'auteur ne s'y laisse apercevoir. Les images
du monde antique semblent s'y être fixées
toutes seules comme sur un miroir de métal
poli qui aurait gardé leur empreinte. Cette
empreinte est si vive, si nette, si juste de
forme et de ton que le sens intime en affir-
merait la réalité, quoique le modèle en soit
depuis longtemps disparu. M. Gustave Flaubert possède au plus haut point l'objectivité
rétrospective. Il *voit* (nous soulignons exprès
le mot pour lui donner toute sa signifiance
spirituelle) les choses qui ne sont plus dans
le domaine de l'œil humain avec une luci-
dité toute contemporaine. Dans son livre,

Carthage, pulvérisée à ce point qu'on a peine à en délimiter la place, se dresse d'une façon aussi précise qu'une ville moderne copiée d'après nature. C'est la plus étonnante restauration architecturale qui se soit faite.

Comme Cuvier qui recomposait un monstre antédiluvien d'après une dent, un fragment d'os, moins que cela, une trace de pas figée sur le limon des créations disparues, et à qui plus tard la découverte du squelette complet donnait raison, l'auteur de Salammbô restitue un édifice d'après une pierre, d'après une ligne de texte, d'après une analogie. Tyr et Sidon, les villes mères, le renseignent parfois sur leur fille. La Bible, cette encyclopédie de l'antique genre humain où se résument les vieilles civilisations orientales, lui révèle des secrets qu'on n'y cherche pas ordinairement. Si Polybe lui fournit le trait, Ezéchiel lui fournit la couleur. Les imprécations figurées des prophètes laissent échapper dans leurs colères de précieux détails sur le luxe et la corruption. Telle singularité de toilette, qu'on croirait d'invention, a pour garant un verset biblique.

Ce don de résurrection que M. Gustave Flaubert possède pour les choses, il n'en est pas moins doué à l'endroit des personnages. Avec un merveilleux sens ethnographique, il rend à chaque race sa forme de crâne, son masque, sa couleur de peau, sa taille, son habitude de corps, son tempérament, son caractère physique et moral. Dans ce mélange de tous les peuples qui compose l'armée des Mercenaires, il y a des Grecs, des Italiotes, des Gaulois, des Baléares, des Campaniens, des Ligures, des Ibères, des Libyens, des Numides, des Gétules, des Nègres, des gens du pays des dattes et quelques transfuges de ces tribus lointaines moitié hommes, moitié bêtes, comme en nourrit à sa noire mamelle l'Afrique portenteuse, — *portentosa Africa !* — Chacun a son type, son accent, son costume. Jamais un Grec n'y prend la pose d'un homme de race sémitique; car, en sa qualité de voyageur, M. Gustave Flaubert a remarqué que l'Occident et l'Orient ne se meuvent pas de la même façon.

De ce fourmillement colossal de multitudes remuées avec la plus magistrale aisance se détachent les figures du drame : Hamilcar, Hannon, Mathô, Spendius, Narr'Havas, Salammbô, Schahabarim : Hamilcar, héroïque et presque divin ; Hannon, résumant en sa hideuse personne le côté monstrueux du génie carthaginois ; Mathô, la passion impétueuse, aveugle et fatale ; Spendius, la finesse grecque luttant à force d'esprit contre les énormités du monde africain ; Narr'Havas, si élégamment perfide et d'une beauté si purement arabe ; Salammbô, cette chaste création macérée dans les parfums, les initiations et les extases, autour de laquelle semble s'arrondir, comme une auréole, un halo lunaire ; Schahabarim, contemplant toujours plus rêveur le gouffre sans fond des mysticités orientales et passant de Tanit à Moloch. Pour peindre ces personnages de types si divers, M. Gustave Flaubert a su trouver les teintes les plus délicates et les plus vigoureuses. Si rien n'est horrible comme le suffète lépreux, rien n'est plus suave que cette Salammbô faite de vapeurs, d'aromes et de rayons. La terreur et la grâce, il a tout, et il sait rendre les putréfactions des champs de bataille comme l'intérieur chatoyant et parfumé des chambres virginales. Quel tableau que celui du défilé de la Hache où sommeillent des lions repus, ennuyés, gras de chair humaine, et abattant d'une griffe nonchalante les derniers survivants des Mercenaires ! Le paysage, âpre, rugueux, farouche, sombre, sous un ciel à zébrures sanglantes, rappelle ces gorges d'Ollioules que Decamps a données pour fond à la bataille des Cimbres. Quant aux lions, ils valent les lions bibliques de Daniel dans la légende des siècles. Aucune imagination orientale n'a dépassé les merveilles entassées dans l'appartement de Salammbô. Le yeux modernes sont peu habitués à de telles splendeurs. Aussi a-t-on accusé M. Gustave Flaubert d'enluminure, de papillotage, de clinquant. Quelques mots de physionomie trop carthaginoise ont arrêté les critiques. Avec le temps, ces couleurs trop vives se tranquilliseront d'elles-mêmes, ces mots exotiques, plus aisément compris, perdront leur étrangeté, et le style de M. Gustave Flaubert apparaîtra tel qu'il est, plein, robuste, sonore, d'une originalité qui ne doit rien à personne, coloré quand il le faut, précis, sobre et mâle lorsque le récit n'exige pas d'ornement : le style d'un maître enfin. Son volume restera comme un des plus hauts monuments littéraires de ce siècle. Résumons, en une phrase qui dira toute notre pensée, notre opinion sur Salammbô. Ce n'est pas un livre d'histoire, ce n'est pas un roman : c'est un poëme épique !

Lundi, 22 décembre 1862.

TUNIS

Bien des voyageurs ont parcouru l'Orient
et fixé leurs impressions dans des livres remarquables; mais il est un Orient situé plus
près de nous et dont on ne parle presque
jamais. C'est celui que M. Léon Michel désigne avec tant de justesse sous le nom d'Orient
africain. Il n'est pas moins étrange et caractéristique que l'autre, et l'on peut dire qu'il
est moins connu, quoiqu'il touche à l'Afrique
française et commence un peu au delà de
Bone, où finissent nos possessions algérien-
nes. C'est la régence de Tunis, qui s'étend
sur l'ancien territoire de Carthage, dont la
poussière dort à côté de la ville nouvelle,
étincelante de lumière, riche de vie, dorée
de soleil, et justifiant la magnificence orientale des épithètes dont on accompagne son

nom : Tunis la blanche, la glorieuse, le séjour de félicité, l'industrieuse, la bien gardée, la florissante !

M. Léon Michel, qu'il n'est pas besoin de présenter à ceux qui lisent le *Moniteur*, a au plus haut degré l'instinct du voyage, instinct très-rare en littérature, et qui ne consiste pas seulement dans l'humeur vagabonde, mais bien dans le don de voir. Cela semble aisé, ouvrir les yeux, regarder devant soi, et raconter ce qu'on a vu. Mais la plupart des yeux sont comme les miroirs et ne conservent pas les images réfléchies. Le monde des formes et des couleurs est fermé pour bien des gens, d'ailleurs pleins de savoir, de talent et d'esprit. Il faut aussi saisir au vol le détail caractérisque, être frappé des différences, et surtout se soumettre à la nature des pays que l'on visite. Selon nous, le voyageur ne doit critiquer que lorsqu'il est de retour. Tant qu'il est en route, son affaire principale consiste à contempler la terre, le ciel, les monuments, la végétation, les habitants, les costumes et les mœurs de la région qu'il explore. Il faut qu'il se laisse imprégner par l'atmosphère ambiante, qu'il oublie en quelque sorte sa nationalité, et tâche, pendant quelques semaines ou quelques mois, de vivre autant que possible avec les indigènes, acceptant leur cuisine, leurs boissons, leur manière de fumer, de se divertir, de se transporter d'un endroit à un autre; partageant même, en apparence du moins, leurs préjugés et leurs superstitions, car rien n'est plus ennuyeux que ces esprits forts qui rient du mauvais œil et des mains préservatrices appliquées sur la chaux des murailles, tandis que peut-être ils n'osent pas s'asseoir à une table de treize couverts. Les infatués de civilisation sont aussi bien intolérables dans leurs dédains pour ce qu'ils appellent la Barbarie. A les voir près d'un Arabe drapé dans ses burnous et ses haïcks, on ne se douterait pas que ce sont eux qui représentent le progrès.

L'auteur du *Voyage à Tunis* (1) n'est pas

____

(1) Un volume in-18, chez Garnier frères.

de ceux-là. Quoiqu'il soit aussi au courant que personne des choses modernes et qu'il professe pour elles l'estime qu'elles méritent, il possède le sentiment de l'exotique et n'est point choqué de trouver, sur l'autre bord de la Méditerranée, une ville qui ne ressemble pas à Paris, et c'est précisément cette dissemblance qui le charme. Il ne souhaite pas, bien que ce soit une belle rue, voir les arcades de la rue de Rivoli se prolonger jusqu'aux confins de l'univers.

Lorsque le livre s'ouvre, après une dédicace arabe dont le sens nous échappe, mais qui fait rêver par son mystère comme les inscriptions de l'Alhambra et donne de la couleur locale au volume, le bateau à vapeur sur la houle longue et molle se balance en vue de Stora. Le bateau de la santé vogue à toutes rames vers le pyroscaphe à l'ancre. Nous avons retrouvé là une de nos plus vives impressions d'Alger. Quand nous vîmes ce canot, manœuvré par des nègres en chéchias rouges et en chemises blanches, il nous sembla que du fond d'un rêve l'Orient venait à notre rencontre.

· Dès les premiers mots on sent la vérité du dessin et de la couleur. M. Léon Michel n'est pas un de ces voyageurs vagues qui traversent des sites enchanteurs, contemplent des palais magnifiques, s'assoient sous des colonnades orgueilleuses et se désaltèrent à des ruisseaux agréables. — Il suffit, pour juger de sa manière qui transporte dans le style les procédés de Decamps, de Marilhat et d'Eugène Delacroix, de lire le passage sur le marché de Philippeville. Le trait est net; la couleur éclatante et chaude, et le premier éblouissement de la lumière africaine y est rendu avec cette ardeur naïve qui est comme la jeunesse du voyage. Les Arabes sous la nonchalance majestueuse du burnous, les Maltais aux cheveux frisés et aux longs bonnets de laine, les nègres badigeonneurs, drapés et constellés de blanc, les Moresques voilées par le yachmack et le feredgé, ce domino de la rue qui garde mieux son secret que le domino de l'Opéra, le ca-

valier du Maghzen poussant à travers la foule
son cheval ardent et maigre, et surtout le
chameau balançant son long col comme ces
oiseaux de bois dont s'amusent les enfants,
sont esquissés d'une main fidèle et hardie.

Rien de plus charmant comme ragoût et
pétillement de couleur que ces tas de fruits
et de légumes indigènes : figues de Barbarie,
tomates, piments, citrouilles d'Alger et pastèques « à la chair rose tigrée de noir », rai-
sins aux grains recourbés comme des doigts
de fiancée, couscoussou dans des sébiles de
bois ; mais c'est trop nous attarder à ces détails qui semblent frivoles aux hommes graves, et qui pourtant donnent la sensation
d'être en Afrique sur le marché de Philippeville, et non à Paris sur le marché Saint-Honoré. Arrivons tout de suite à Tunis sur les
pas de M. Léon Michel. Les collines qui bordent le rivage, à mesure que le steamer s'a-
vance vers l'Orient, perdent leur verdure, se
dénudent et s'effritent au soleil. Le cap punique apparaît, et sur la plage au loin, avec
l'aide de la lorgnette, on distingue ce qui

reste de Carthage, « quelques tronçons de colonnes marmoréennes que le flot a noircis, quelques débris de chapiteaux, un pan de muraille inclinée, cinq ou six cavernes peu profondes : voilà tout Carthage. » Hélas! le vœu de Caton, *Delenda est Carthago*, a été trop exactement rempli. La Carthage punique, celle qu'a si brillamment ressuscitée Gustave Flaubert dans *Salammbô*, a disparu, et la Carthage romaine superposée à l'autre n'a guère laissé de traces. Toutes les barbaries pendant des siècles ont puisé des matériaux dans cette carrière à ciel ouvert. La perspective est dominée par la chapelle élevée sur l'emplacement où mourut saint Louis, très-vénéré des musulmans, qui croient que peu de temps avant sa mort le pieux roi des Francs se convertit à l'islamisme.

Mais voici le fort de la Goulette, redoutable et farouche défense due, il est vrai, aux Espagnols, mais dont l'aspect est assez oriental pour ne pas contrarier l'effet pittoresque. Ce n'est pas sans raison que Tunis est nommée El Chattrah (la bien gardée). Le navire s'arrête au large dans la rade, et au fond du golfe la ville apparaît au bord de la mer bleue comme une denteliure d'argent. Il s'agit d'y arriver. Sur le pont du navire se trémoussait un personnage bizarre, de physionomie grotesque et avenante, moitié drogman, moitié cicerone, un peu domestique, parlant à peu près toutes les langues, assommant et fort utile et même indispensable, du nom de Karoubi. Ce fut lui qui se chargea de piloter le nouveau venu, et, malgré son horreur des guides, M. Léon Michel fut obligé de l'accepter. A voir le livre de Tunis si bien rempli et si bien renseigné, on doit croire qu'El-Karoubi ne s'était pas trop vanté.

Une fois engagé dans ce blanc dédale, où les maisons semblent tourner le dos à la rue, ne montrant que d'étroites ouvertures grillées ou des portes basses étoilées symétriquement de clous, M. Léon Michel ouvre son album de croquis, et ne laisse pas passer une figure originale sans la noter. Il s'assoit sur la natte des cafés, pénétrant dans les souks

où se tiennent les marchands accroupis et
rêveurs, que la pratique semble toujours dé-
ranger; il visite les échoppes et les palais,
rencontre au tournant d'un carrefour une
procession d'aïssaouas, assiste à une noce
juive, qu'il a peinte d'une aussi belle couleur que la *Noce juive* de Delacroix, voit
danser les almées, écoute les joueurs de re-
beb et de tarbouka, visite les hauts fonctionnaires eurepéens et musulmans dans leurs
fraîches retraites et leurs kiosques aux colonnettes de marbre, aux revêtements d'azulejos, aux coupoles ouvragées comme des
gâteaux d'abeille, raconte sur la vie de la
femme en Orient ce que peut en dire un
voyageur qui s'interdit scrupuleusement toute
hâblerie romanesque, décrit les costumes,
n'oublie aucune singularité pittoresque; mais
en même temps il étudie l'infiltration des
idées modernes dans ce vieil Orient qu'on
réputait immobile, il dit les améliorations
qu'on voit se succéder chaque jour, le progrès évident des mœurs, l'absence du fana-
tisme, la tolérance poussée jusqu'où elle peut

s'étendre, et ce livre tout éclatant, tout coloré, tout brodé d'or et de paillettes, où l'on trouverait les meilleurs renseignements pour la mise en scène d'une féerie tirée des *Mille et une Nuits*, se termine pratiquement et philosophiquement par une traduction de la charte tunisienne, charte libérale, à laquelle on doit rapporter les améliorations qu'on remarque dans le pays.

Moniteur, 2 septembre 1867.

LE SAHARA

Les peintres, lorsqu'ils quittent le pinceau pour la plume, conservent une manière aisément reconnaissable. — L'habitude d'étudier la nature sous son aspect plastique donne à leur phrase un contour arrêté et précis. Leur œil saisit les objets sous un angle particulier, les dessine, les assied, les met en perspective et les colore avec une netteté toute spéciale. Ils connaissent beaucoup mieux que les littérateurs occupés de la pensée pure le mobilier de la création. Il fait jour dans leur esprit comme dans ces grands ateliers éclairés de vitrines immenses où ils travaillent, le modèle sous les yeux ou rendu présent par des croquis. A force d'étudier les types, les visages, les attitudes, les mouvements et jusqu'au tic du corps, ils arrivent à une pénétration qui surprend. Tout un caractère leur est souvent révélé par un pli de la face, par une déviation de ligne, par un indice imperceptible pour tout autre. Leur art les rend involontairement observateurs, et même, lorsqu'ils ont déposé la palette et semblent inattentifs, ils se rendent compte de la forme propre des choses. Avec eux point de vague, point d'à peu près, point de généralités banales; chaque mot est un trait décisif, une touche accentuée; voir est plus difficile qu'on ne pense; beaucoup de prunelles sont voilées d'une taie quoique parfaitement claires, et voir — c'est avoir, dit le proverbe.

Pour notre part, nous aimons la façon d'écrire des peintres, surtout quand ils ne se proposent pas quelque idéal académique, quelque imitation de poëte ou de prosateur en vogue. Nous y trouvons alors une saveur, un relief, une vie et une originalité qui nous séduisent plus que nous ne saurions dire.

Dans une étude sur Marilhat, nous avons extrait de sa correspondance, mise à notre disposition par sa famille, des morceaux d'un style charmant, des croquis à la plume de son voyage en Syrie et en Égypte tracés en courant parmi des détails purement intimes et sans aucune prétention littéraire qui se trouvaient de petits chefs-d'œuvre; il y avait autant de lumière et de couleur dans ses pages que dans ses tableaux — c'était tantôt une halte auprès d'une fontaine, sous une touffe de végétations; tantôt une caravane de chameaux au profil bizarre; d'autres fois la rencontre d'une horde de Bédouins, ou bien encore la route poudreuse rayant comme une trace de craie la plaine jaune et brûlée, et enfin le Caire vu du Mokattam avec ses minarets, ses dômes, ses terrasses, ses bouquets de palmiers, tout cela découpé en silhouette, coloré d'une teinte franche et si bien mis en place que la description la plus détaillée d'un littérateur qui se serait beaucoup appliqué n'en aurait pas appris davantage.

Auguste Salzmann a fait des jardins de Rhodda une peinture si verte, si touffue, si luxuriante, si criblée de soleil à travers ses ombres fraîches, qu'aucun poëte ne pourrait la dépasser. Eugène Delacroix tient brillamment sa place parmi les rédacteurs de la *Revue des Deux Mondes*, et chacun a lu les beaux articles qu'il a consacrés à l'appréciation des maîtres avec une hauteur de vues, une propriété et une compétence auxquelles nul critique ne saurait prétendre.

M. Eugène Fromentin, qui jusqu'à présent ne s'était fait connaître que par de charmants tableaux empruntés pour la plupart aux sites et aux mœurs de l'Algérie française, vient de se révéler comme un écrivain de premier ordre par son volume intitulé : *Un Été dans le Sahara.*

Plus d'une fois, dans nos comptes rendus du Salon, nous avions signalé et loué, comme il le mérite, le talent de M. Eugène Fromentin; sa couleur douce et chaude, son atmosphère lumineuse, ses terrains solides, ses figurines drapées d'une touche et marchant d'un pas si naturel, accompagnées de leur ombre; nous le félicitions d'avoir su se faire un *Orient* en dehors de Marilhat, de Decamps et de Delacroix, mais nous étions loin de soupçonner la vocation double du peintre.

Son volume nous l'a fait voir sous un jour tout nouveau. *Un Été dans le Sahara* n'est pas, comme on pourrait le croire, un simple récit attachant, et curieux surtout parce qu'il a un peintre pour auteur, c'est un chef-d'œuvre de style que les plus illustres seraient fiers de signer. Chose étrange ! M. E. Fromentin a du premier coup pénétré tous nos secrets, il est passé maître sans avoir été écolier. Aucune des incertitudes, des faiblesses et des bavochages du début ne se trahit dans ce livre singulier et charmant, d'une nouveauté absolue, et qui rend avec un bonheur rare des effets qui ne semblent pas du domaine de la littérature — ce voyage, qu'on nous passe le mot, est une transposition d'art complète ; au lieu de noircir sa plume d'encre, M. Fromentin trempe un pinceau dans les godets d'une boîte d'aquarelle et lave des phrases que la typographie peut reproduire avec une idéale pureté de ton. Trois nuances composent son style : blanc, gris de perle et bleu.

II.   29

Chaque talent a sa patrie, qui souvent n'est pas la terre où il est né. Il existe des climats pour les esprits. M. Fromentin, quoique Français, appartient au désert. Peut-être quelque goutte de sang des Arabes chassés par Charles Martel bouillonne-t-elle encore dans ses veines; évidemment, hors du Sahara il est exilé et ressent toutes les douleurs du proscrit.

Comme lui, nous avons éprouvé bien des fois la nostalgie de l'azur, bien des fois nous avons rêvé des pèlerinages « au céleste pays du bleu », qui n'a rien de commun avec la contrée chimérique que Ludwig Tieck désigne sous ce nom ; quelles mornes tristesses s'emparent de certaines âmes quand l'hiver semble vouloir lier le ciel brumeux à la terre boueuse par une trame de pluie, quand l'eau court sous les toits en bouffées blanches, ou ruisselle au long des vitres comme des pleurs au long d'une joue, ceux-là seuls le savent qui ont dans le cœur le sentiment de la lumière !

Ce vif amour du soleil se trahit dès les

premières pages du livre. Il est déjà ancien chez l'auteur, et il explique comment il lui est venu. La saison des pluies avait duré longtemps cette année en Algérie (1848); l'artiste fuyait devant l'hiver de Blidah à Alger, d'Alger à Constantine, toujours poursuivi par la tempête. Mélancolique, il se promenait sur les remparts de la ville d'Achmet-Bey, et il songeait au désert. « La route qui y conduit se dessinait sur le Condiat-Aty trempé d'eau, et de temps en temps l'on voyait descendre de longs convois de gens au visage marqué par un éternel coup de soleil, suivis de leurs chameaux chargés de dattes et de produits bizarres; il me semblait sentir encore, en les approchant, comme un reste de tiédeur apportée dans les plis fangeux de leurs bournous. Un matin donc, nous partîmes en désespéré, passant tant bien que mal les rivières débordées et poussant droit devant nous, vers Bisk'ra. Cinq jours après, le 28 février, j'arrivais à El-Kantara, sur la limite du Tell de Constantine, harassé, transi, traversé jusqu'au cœur, mais bien résolu à ne plus m'arrêter qu'en face du soleil indubitable du Sud. »

Voici le voyageur lancé; il ne s'arrêtera pas, tant qu'au ciel flottera un seul nuage; dès qu'il a franchi la brèche ouverte par la nature dans cette muraille de rochers hauts de trois ou quatre cents pieds qui sépare le Tell du Sahara, et passé sur le pont romain jeté en travers de la coupure, son œil s'illumine, sa poitrine se dilate et aspire avec délices l'air tiède du désert; le village d'El-Kantara apparaît au milieu d'une oasis de vingt-cinq mille palmiers.

L'hiver, selon la croyance des Arabes, ne peut dépasser la chaîne de roches contre lesquelles ses volutes de nuages viennent moutonner comme les vagues contre un rivage inexpugnable. Il s'arrête vaincu au pont d'El-Kantara; — au delà, c'est l'été éternel; d'un côté, la montagne est noire et couleur de pluie; de l'autre, rose et couleur de beau temps.

Après les collines, dernières ondulations

du terrain, s'étend la plaine d'Angad, un premier essai du Grand Désert.

Le Désert se révèle au jeune artiste avec son paysage et ses figures, et il rend cette première impression dans une page charmante.

« Ces palmiers, les premiers que je voyais ; ce petit village couleur d'or, enfoui dans des feuillages déjà chargés des fleurs blanches du printemps ; une jeune fille qui venait à nous, en compagnie d'un vieillard, avec le splendide costume rouge et les riches colliers du Désert, portant une amphore de grès sur sa hanche nue ; cette première fille à la peau blonde, belle et forte, d'une jeunesse précoce ; ce vieillard abattu, mais non défiguré, par une vieillesse hâtive, tout le Désert m'apparaissait ainsi sous toutes ses formes, dans toutes ses beautés et tous ses emblèmes ; c'était pour la première fois une étonnante vision. Ce qu'il y avait surtout d'incomparable, c'était le ciel ; le soleil allait se coucher et dorait, empourprait, émaillait de feu une multitude de petits nuages détachés du grand rideau noir étendu sur nos têtes, et rangés comme une frange d'écume au bord d'une mer troublée ; au delà commençait l'azur, et alors, à des profondeurs qui n'avaient pas de limites, à travers des limpidités inconnues, on apercevait le pays céleste du bleu. Des brises chaudes montaient, avec je ne sais quelles odeurs confuses et quelle musique aérienne, du fond de ce village en fleurs ; les dattiers, agités doucement, ondoyaient avec des rayons d'or dans leurs palmes, et l'on entendait courir, sous la forêt paisible, des bruits d'eau mêlés aux froissements légers du feuillage, à des chants d'oiseaux, à des sons de flûte. En même temps, un muezzin qu'on ne voyait pas se mit à chanter la prière du soir, la répétant quatre fois aux quatre points de l'horizon, et sur un mode si passionné, avec de tels accents, que tout semblait se taire pour l'écouter !

« Le lendemain, même beauté dans l'air et même fête partout ; alors seulement je me donnai le plaisir de regarder ce qui se passait au nord du village, et le hasard me rendit témoin d'un phénomène en effet très-singulier.

Tout ce côté du ciel était sombre et présentait l'aspect d'un énorme océan de nuages dont le dernier flot venait pour ainsi dire s'abattre et se rouler sur l'extrême arête de la montagne, mais la montagne, comme une solide falaise, semblait le repousser.

« Au large, et sur toute la ligne orientale du Djebel-Sahari, il y avait un remous violent, exactement pareil à celui d'une forte marée ; derrière, descendaient lugubrement les traînées grises d'un vaste déluge ; mais, tout à fait au fond, une montagne éloignée montrait sa tête couverte de légers frimas ; il pleuvait à torrents dans la vallée du Metlili, et quinze lieues plus loin il neigeait ; — l'éternel printemps souriait sur nos têtes ! »

Cette impression, si admirablement rendue, devait être ineffaçable. Le désert tenait et possédait pour toujours notre jeune artiste ; aussi le voyons-nous, en 1853, à Medeah, triste, troublé, agité de nostalgie comme le soldat suisse qui entend au delà du Rhin le ranz des vaches natal. Quoiqu'on soit au mois de mai, l'hiver a encore le pied posé sur les blancs sommets de la Mouzaïa. L'artiste a beau chercher à se consoler avec « cette petite lumière intérieure » dont parle Jean Paul, et qui nous empêche de voir et d'entendre le temps qu'il fait dehors; il n'y tient plus; il faut qu'on selle les chevaux, qu'on sangle les mulets et qu'on se mette en route; il sait bien cependant qu'il ne retrouvera plus son premier éblouissement, que le chemin de Medeah à El-Aghouat ne présente pas ce merveilleux coup de théâtre d'El-Kantara; il étudie même, pour se prémunir et se désenchanter, la carte assez aride du Sud, non pas en géographe, mais en peintre, et voici ce qu'elle indique: « des montagnes jusqu'à Boghar; à partir de Boghar, sous la dénomination de Sahara, des plaines succédant à des plaines, plaines unies, marécages, plaines sablonneuses, terrains secs et pierreux, plaines onduleuses et d'*alfa*, à douze lieues nord d'El-Aghouat, un palmier; enfin, El-Aghouat, représenté par un point plus large, à l'intersection d'une multitude de lignes brisées rayonnant en tous sens vers des noms étranges, quelques-uns à demi fabuleux ; puis, tout à coup, dans le sud-est, une plaine indéfiniment plate, aussi loin que la vue peut s'étendre ; et, sur ce grand espace laissé en blanc, ce nom bizarre et qui donne à penser : *Bled-el-Ateuch*, avec sa traduction : Pays de la soif ! »

Certes, voilà un itinéraire peu fait pour exciter les touristes philistins ; mais cette nudité est précisément ce qui enflamme l'imagination du jeune peintre, et il répond aux objections que pourrait lui faire l'ami auquel s'adressent ses lettres : « Admets seulement que j'aime passionnément le bleu, et qu'il y a deux choses que je brûle de revoir, — le ciel sans nuages, au-dessus du désert sans ombre ! »

Au bout de quelques journées de marche à travers des pentes escarpées, des ravins pierreux, des lits de torrents à sec, où s'épanouissaient des touffes de lauriers-roses, on arrive à Boghar. — Nous ne pouvons résister au plaisir de citer la page charmante que consacre M. Eugène Fromentin à cette halte au bord du désert.

« C'est là qu'à la halte du matin, par une journée blonde et transparente, j'ai revu les premières tentes et les premiers troupeaux de chameaux libres, et compris avec ravissement qu'enfin j'arrivais chez les patriarches.

« Le vieux Hadji-Meloud, tout semblable à son ancêtre Ibrahim, Ibrahim l'Hospitalier, comme disent les Arabes, nous attendait à sa zmala, où son fils Si-Djilali était venu nous conduire lui-même, pour que toute la famille y fût présente. Il nous reçut à côté du douar, suivant l'usage, dans de grandes tentes dressées pour nous (*guïatin-el-dyaf*, tentes des hôtes), au milieu de serviteurs nombreux, et avec tout l'appareil convenu ; on y mangea beaucoup, et nous y bûmes le café dans de petites tasses vertes, sur lesquelles il y avait écrit en arabe : *Bois en paix.*

« Je n'ai jamais, en effet, rien vu de plus paisible, ni qui invitât mieux à boire en paix dans la maison d'un hôte ; je n'ai jamais

rien vu de plus simple que le tableau qui se
déroulait.

« Nos tentes, très-vastes, et, soit dit en passant, déjà rayées de rouge et de noir, comme
dans le Sud, occupaient la largeur d'un petit
plateau nu au bord d'une rivière. Elles
étaient ouvertes, et les portes, relevées par
deux bâtons, formaient sur le terrain fauve
et pelé deux carrés d'ombres, les seules qu'il
y eût dans toute l'étendue de cet horizon accablé de lumière, et sur lequel un ciel à demi
voilé répandait comme une pluie d'or pâle.
Debout, dans cette ombre grise, et dominant
tout le paysage de leur longue taille, Si-Djilali,
son frère et leur vieux père, tous trois vêtus
de noir, assistaient en silence au repas. Derrière eux, et en plein soleil, se tenait un cercle de gens accroupis, grandes figures d'un
blanc sale, sans plis, sans voix, sans geste,
avec des yeux clignotants sous l'éclat du jour,
et qu'on eût dit fermés : des serviteurs, vêtus
de blanc comme eux, allaient sans bruit de
la tente aux cuisines, dont on voyait la fumée
s'élever en deux colonnes onduleuses au

revers du plateau, comme deux fumées de sacrifice.

« Au delà, afin de compléter la scène, et comme pour l'encadrer, je pouvais apercevoir, de la tente où j'étais couché, un coin du douar, un bout de la rivière où buvaient des chevaux libres, et, tout à fait au fond, de longs troupeaux de chameaux bruns, au cou maigre, couchés sur des mamelons stériles, terre nue comme le sable et aussi blonde que les moissons.

« Au milieu de tout cela, il n'y avait qu'une petite ombre, celle où reposaient les voyageurs, et qu'un peu de bruit, celui qui se faisait dans la tente.

« Et de ce tableau, que je copie sur nature, mais auquel il manquera la grandeur, l'éclat, le silence, et que je voudrais décrire avec des signes de flamme et des mots dits tout bas, je ne garderai qu'une seule note, qui contient tout, — *bois en paix !* »

M. E. Fromentin est trop modeste ; la scène qu'il a retracée du bout de sa plume, mieux peut-être qu'il ne l'aurait fait de la

pointe de son pinceau, revit avec toute la force
de la réalité, éclatante comme la lumière, pa-
triarcale comme la Bible, grande comme le
désert.

Nous retrouvons les délicatesses du peintre
dans ce passage, — « c'est bizarre, c'est frappant, je ne connaissais rien de pareil, et jusqu'à présent je n'avais rien imaginé de si
complétement fauve, — lâchons le mot qui
me coûte à dire, — de si *jaune*. Je serais désolé
qu'on s'emparât du mot; car on a déjà trop
abusé de la chose : le mot d'ailleurs est bru-
tal; il dénature un ton de toute finesse, et
qui n'est qu'une apparence. Exprimer l'action
du soleil sur cette terre ardente, en disant
que cette terre est jaune, c'est enlaidir et gâter
tout ; autant vaut donc déclarer que c'est très-
beau. Libre à ceux qui n'ont pas vu Boghar
d'en fixer le ton d'après la préférence de leur
esprit. »

Ce jour-là, M. Eugène Fromentin a dû reprendre sa palette, et fixer, dans une chaude
esquisse, cette indéfinissable teinte.

Boghar, qui sert d'entrepôt et de comp-

toir aux nomades, est peuplée de jolies femmes
venues des tribus sahariennes pour chercher
fortune. L'indulgence de l'Orient a des ap-
pellations charmantes pour déguiser l'industrie véritable de ces beautés faciles auxquelles
la danse sert de prétexte.

On voulut donner une fête à nos voyageurs,
et l'on alla réveiller quelques danseuses au
village. — Laissons M. Fromentin dessiner
et peindre lui-même cette fête d'un pittoresque fantastique :

« Au bout d'une heure d'attente, nous
vîmes un feu, comme une étoile plus rouge
que les autres, se mouvoir dans les ténèbres,
à hauteur du village; puis le son languissant
de la flûte arabe descendit à travers la nuit
tranquille, et vint nous apprendre que la fête
approchait.

« Cinq ou six musiciens, armés de tambourins, autant de femmes voilées, escortées
d'un grand nombre d'Arabes qui s'invitaient
d'eux-mêmes au divertissement, apparurent
enfin au milieu de nos feux, formèrent un
grand cercle, et le bal commença.

« Ceci n'était pas du Delacroix ; toute couleur avait disparu pour ne laisser voir qu'un dessin tantôt estompé d'ombres confuses, tantôt rayé de larges traits de lumière, avec une fantaisie, une audace, une furie d'effet sans pareilles, — c'était quelque chose comme la *Ronde de nuit* de Rembrandt, ou plutôt comme une de ses eaux-fortes inachevées, des têtes coiffées de blanc, et comme enlevées à vif d'un revers de burin, des bras sans corps ; des mains mobiles, dont on ne voyait pas les bras, des yeux luisants et des dents blanches au milieu de visages presque invisibles, la moitié d'un vêtement attaqué tout à coup en lumière et dont le reste n'existait pas, émergeaient au hasard et avec d'effrayants caprices d'une ombre opaque et noire comme de l'encre. Le son étourdissant des flûtes sortait, on ne voyait pas d'où, et quatre tambourins de peau qui se montraient, à l'endroit le plus éclairé du cercle, comme de grands disques dorés, semblaient s'agiter et retentir d'eux-mêmes. En dehors de cette scène étrange on ne voyait ni bivouac, ni ciel ni terre ; au-dessus, autour, partout il n'y avait plus rien que le noir, ce noir absolu qui doit exister seulement dans l'œil éteint des aveugles.

« Aussi, la danseuse, debout au centre de cette assemblée attentive à l'examiner, se remuant en cadence avec de longues ondulations de corps ou de petits trépignements convulsifs, tantôt la tête à moitié renversée dans une pâmoison mystérieuse, tantôt ses belles mains allongées et ouvertes comme pour une conjuration ; la danseuse, au premier abord, et malgré le sens très-évident de sa danse, avait-elle aussi bien l'air de jouer une scène de Macbeth que de représenter autre chose. »

Quelle eau-forte admirablement mordue que cette page, quelles vives égratignures de lumière, quelle liberté de pointe, quelle mystérieuse profondeur d'ombre !

Mais nous ne sommes encore qu'aux limites du Sahara, il faut laisser les mulets pour les chameaux. Ils sont là vingt-cinq, leur long col posé sur le sable, qui se lèvent péniblement à l'appel du chamelier, se mettent en équilibre sur leurs genoux cagneux et leurs cuisses déhanchées, en poussant ce cri discordant et plaintif qu'ils beuglent quand on les sangle, et qui veut dire, selon les Arabes: « Mets-moi des coussins pour que je ne me blesse pas. »

Les cavaliers du makhzen d'El-Aghouat chaussent leurs doubles bottes rouges armées d'éperons et se drapent dans leurs haïcks sales et leurs bournous d'un brun sombre; ils pressent les flancs de leurs montures infatigables et maigres comme eux. — Le convoi se met en marche. — Aurez-vous, lecteur, le courage de le suivre dans un autre article? car le Désert est si vaste qu'on ne peut le borner dans quelques colonnes.

On débouche dans les premières plaines du Sud par la vallée du Cheliff, un site des plus étranges, des roches décharnées, déchiquetées, ébréchées comme des mâchoires d'animaux antédiluviens dont leurs pitons représenteraient les dents, bordent d'étroits couloirs au sol battu et brillanté pareil à celui d'une aire; on n'aperçoit ni une plaque de mousse, ni une pointe d'herbe, ni une brin-

dille d'arbuste, parmi ces pierres difformes
semblables à des scories monstrueuses ; au-
dessus, à une grande hauteur, passent des
volées de corbeaux, tournent des cercles d'aigles bruns et piaulent les gypaëtes au milieu
d'un silence de mort.

Devant les voyageurs, l'horizon s'étend,
immense, indéfini ; une plaine de vingt-cinq
lieues, plate, ou du moins sans ondulations
appréciables, se déroule vague comme la
mer en se confondant avec le ciel par des
demi-teintes incertaines ; — le vert douteux
de la végétation déjà brûlée rend la ressemblance encore plus frappante. Au bout de
deux jours de marche dans ce pays désolé,
nos pèlerins font halte auprès d'une eau
stagnante et jaunâtre sur laquelle se penchaient, tendant le col et faisant gros dos,
une compagnie de vautours qu'il fallut ef-
frayer d'un coup de fusil pour leur faire cé-
der la place. La tristesse de la contrée inspire à notre jeune artiste cette belle page
mélancolique :

« Était-ce fatigue ? était-ce un effet du

lieu? je ne sais ; mais cette journée-là fut longue et sérieuse, et nous la passâmes presque tous à dormir sous la tente. Ce premier aspect d'un pays désert m'avait plongé dans un singulier abattement. Ce n'était pas l'impression d'un beau pays frappé de mort et condamné par le soleil à demeurer stérile. C'était une grande chose sans forme, presque sans couleur, le rien, le vide, et comme un oubli du bon Dieu : des lignes fuyantes, des ondulations indécises ; derrière, au delà, partout, la même couverture d'un vert pâle étendue sur la terre ; çà et là des taches ou plus vertes, ou plus grises, ou plus jaunes ; d'un côté les Seba' Rous à peine éclairées par un pâle soleil couchant ; de l'autre, les hautes montagnes du Tell, encore plus effacées dans les brumes incolores, et là-dessus un ciel balayé, brouillé, soucieux, plein de pâleurs fades, d'où le soleil se retirait sans pompe et comme avec de froids sourires. Seul, au milieu du silence profond, un vent doux qui venait du nord-ouest et nous amenait lentement un orage, formait de légers murmures autour des joncs du marais. Je passai une heure entière, couché près de la source, à regarder ce pays pâle, ce soleil pâle, à écouter ce vent si doux et si triste. La nuit qui tombait n'augmenta ni la solitude, ni l'abandon, ni l'inexprimable désolation de ce lieu. »

Vous voyez que notre peintre a sur sa palette de quoi rendre tous les effets. — Il peut se passer de cobalt et de mine de Saturne. Mais c'est un voyage au pays du bleu que nous vous avons promis ; hâtons le pas ; le ciel s'éclaircit de plus en plus ; le sol, tantôt sablonneux, tantôt coupé de marécages, se recouvre parfois de touffes d'alfa, d'absinthes, de pourpiers de mer, de romarins, et, de loin en loin, d'arbustes épineux et de pistachiers sauvages.

« Chaque fois que le convoi passe auprès d'un de ces beaux arbres au feuillage sombre et lustré, il se rassemble autour du tronc ; ceux des chameliers qui sont montés se dressent à genoux pour atteindre à la hauteur des branches, arrachent des poignées de fruits et les jettent à leurs compagnons qui vont à pied. Pendant ce temps, les chameaux, le col tendu, font de leur côté provision de fruits et de feuilles. L'arbre reçoit sur sa tête ronde les rayons blancs de midi ; par-dessous, tout paraît noir ; des éclairs bleus traversent en tous sens le réseau des branches ; la plaine ardente flamboie autour du groupe obscur, et l'on voit le désert grisâtre se dégrader sous le ventre roux des dromadaires. »

Ces lignes ne valent-elles pas le tableau de Marilhat qu'elles rappellent ? Il ne leur manque qu'une bordure d'or pour les suspendre au mur d'une galerie.

Le convoi s'avance faisant fuir les lézards dormant au soleil, les vipères cachées sous les touffes d'absinthe, les rats peureux et plongeant au moindre bruit la tête dans leurs trous, — toute cette vermine fourmillante, amie des longues siestes sur le sable chaud.

« Mais, au milieu de ce peuple muet, difforme ou venimeux, sur ce terrain pâle et parmi l'absinthe toujours grise et le k'taf salé, volent et chantent des alouettes, et des alouettes de France! Même taille, même plumage et même chant sonore. C'est l'espèce huppée qui ne se réunit pas en troupes, mais qui vit par couples solitaires ; tristes promeneuses qu'on voit dans nos champs en friche et, plus souvent, sur le bord des grands chemins en compagnie des casseurs de pierre et des petits bergers ; elles chantent à une époque où se taisent presque tous les oiseaux et aux heures les plus paisibles de la journée, le soir, un peu avant le coucher du soleil. Les rouges-gorges, autres chanteurs d'automne, leur répondent du haut des amandiers sans feuilles, et ces deux voix expriment avec une étrange douceur toutes les tristesses d'octobre ; l'une est plus mélodique et ressemble à une petite chanson mêlée de larmes ; l'autre est une phrase en quatre notes profondes et passionnées. — Doux oiseaux qui me font revoir tout ce que j'aime de mon pays, que font-ils, je le demande, dans le Sahara ? Et pour qui donc chantent-ils dans le voisinage des autruches et dans la morne compagnie des antilopes, des bubales, des scorpions et des vipères à cornes? Qui sait ? Sans eux, il n'y aurait plus d'oiseaux peut-être pour saluer les soleils qui se lèvent. — Allah akbar ! Dieu est grand et le plus grand ! »

Quoi de plus touchant et de plus ingénieux que ce frais souvenir de France dans cet austère paysage saharien, que ce chant d'alouette dominant de sa note plaintive le rauque grondement de la ménagerie africaine !

Nous ne nous arrêterons pas, et c'est bien à regret, à tous les douars où nos voyageurs, sous des tentes rayées de rouge et de noir, reçoivent l'hospitalité du désert. — A chaque pas, la lumière augmente, et M. E. Fromentin trouve, pour la peindre, des ressources que nul écrivain ne possède. Dites si jamais Claude Lorrain fut plus limpide, plus suave et plus transparent ?

« Devant moi, j'ai tout un campement étendu au soleil, chevaux, bagages et tentes ; à l'ombre des tentes, quelques gens qui se reposent ; ils font cercle, mais ils ne parlent pas. S'il arrive qu'un ramier passe au-dessus de ma tête, je vois son ombre glisser sur le terrain, tant ce terrain est uni, et j'entends le bruit de ses ailes, tant le silence qui se fait autour de moi est grand. Le silence est un des charmes les plus subtils de ce pays solitaire et vide ; il communique à l'âme un équilibre que tu ne connais pas, toi qui as toujours vécu dans le tumulte ; loin de l'accabler, il la dispose aux pensées légères ; on croit qu'il représente l'absence du bruit comme l'obscurité résulte de l'absence de la lumière ; c'est une erreur. Si je puis comparer les sensations de l'oreille à celles de la vue, le silence répandu sur les grands espaces est plutôt une sorte de transparence aérienne, qui rend les perceptions plus claires et nous révèle une étendue d'inexprimables jouissances. Je me pénètre ainsi, par tous mes sens satisfaits, du bonheur de vivre en nomade ; rien ne me manque, et toute ma fortune tient dans deux coffres attachés sur le dos d'un dromadaire. Mon cheval est étendu près de moi sur la terre nue, prêt, si je le voulais, à me conduire au bout du monde : ma maison suffit à me procurer de l'ombre le jour, un abri la nuit ; je la transporte avec moi, et déjà je la considère avec une émotion mêlée de regrets.

« Jusqu'à présent le thermomètre n'a pas dépassé 30 ou 31 degrés à l'ombre. Aujourd'hui, sous la tente, à deux heures, il a atteint le maximum de 32 degrés, et la lumière, d'une incroyable vivacité, mais diffuse, ne me cause ni étonnement ni fatigue. Elle vous baigne également, comme une seconde atmosphère, de flots impalpables : elle enveloppe et n'aveugle pas. D'ailleurs l'éclat du ciel s'adoucit par des bleus si tendres, la couleur de ces vastes plateaux couverts d'un petit foin déjà flétri est si molle, l'ombre elle-même de tout ce qui fait ombre se noie de tant de reflets, que la vue n'éprouve aucune violence, et qu'il faut de la réflexion pour comprendre à quel point cette lumière est intense. »

Un peu plus loin, avec une joie que nous comprenons bien, M. Eugène Fromentin s'écrie : « Nous voilà débarrassés non-seulement de la végétation du Nord, mais de toute végétation : elle expire au sommet des colli-nes pierreuses que nous avons derrière nous, et je voudrais que ce fût pour tout à fait ; car c'est par la nudité que le Sahara reprend sa véritable physionomie : j'en suis venu à sou-haiter qu'il n'y ait pas un arbre dans tout le pays que je vais voir. Aussi, ce qui me plaît dans le lieu où nous sommes campés, c'est surtout son aspect stérile. Pour couvrir ces vastes terrains tantôt frileux, tantôt brûlés, il n'y a qu'un peu d'herbe. Cette herbe, petite graminée renouvelée par l'hiver, est courte, rare, et devient grisâtre en se fanant. Elle forme à peine un duvet transparent mêlé de brins cotonneux que l'air agite. On y voit jouer la lumière et vibrer la chaleur comme au-dessus d'un poêle. Aussi loin que la vue peut s'étendre, je n'y découvre pas une seule touffe plus fournie qui dépasse le sabot d'un cheval. La terre a la solidité d'un plancher et se gerce sans être friable. Nos chameaux s'y promènent d'un air découragé, la tête haute, le cou tendu vers un coin plus vert qui se montre assez loin au sud, entre deux mamelons arides. Cette perspective à peu près riante, qui semble les consoler jusqu'à demain, nous annonce de nouvelles plaines d'alfa. »

Arrivons à El-Aghouat, le terme du voyage : « Je sentais qu'El-Aghouat était là, et qu'il ne me restait que quelques pas à faire pour le découvrir. Je n'avais plus autour de moi que du sable ; il y avait des pas nombreux et des traces toutes récentes imprimées à l'endroit où nous marchions. Le ciel était d'un bleu de cobalt pur ; — l'éclat de ce paysage stérile et enflammé le rendait encore plus extraordinaire. Enfin le terrain s'abaissa, et, devant moi, mais fort loin encore, je vis apparaître au-dessus d'une plaine frappée de lumière, d'abord un monticule isolé de rochers blancs avec une multitude de points obscurs, figurant en noir-violet les contours supérieurs d'une ville armée de tours ; au bas s'alignait un fourré d'un vert froid, compacte, légèrement hérissé comme la surface barbue d'un champ d'épis. Une barre violette, et qui me parut sombre, se montrait à gauche, presque au niveau de la ville, et reparaissait à droite, toujours aussi roide, et fermait l'horizon. Cette barre tranchait crûment sur un fond de ciel couleur d'argent mat, et ressemblait, moins le ton, à une mer sans limites. Dans l'intervalle qui me séparait encore de la ville, il y avait une étendue sablonneuse et quelque chose d'un gris plus bleuâtre, comme le lit abandonné d'une rivière aussi large que deux fois la Seine. On y voyait par places, aux deux bords, des taches vertes ayant l'air de joncs. Tout à fait sur le devant, un homme de notre escorte, à cheval, penché sur sa selle, attendait au repos le convoi laissé fort loin en arrière : le cheval avait la tête basse et ne bougeait pas. »

Comme tous les plans de ce tableau sont bien établis, comme les lignes en sont arrêtées d'un trait sûr, comme les couleurs en sont rares et vives, et dans quelle éclatante crudité se dessine, au milieu de la lumière, la ville saharienne !

El-Aghouat, très-opiniâtrément disputée par les Arabes à la colonne française, porte

encore les cicatrices mal fermées du combat.
Ses puits renferment bien des cadavres, et
souvent, autour des remparts, les chiens maigres, en grattant le sable, ramènent un lam-
beau d'uniforme ou de bournous. La popu-
lation résignée semble accepter sa défaite
avec le fatalisme musulman : « C'était écrit ! »

La ville, comme toutes celles qui ont à se
défendre contre les ardeurs d'un soleil dévo-
rant, diminue la rue au profit de la maison.
Les rayons solaires pénètrent moins aisément dans ces étroites coupures où encore
il faut à midi se plaquer contre la muraille
pour profiter de deux ou trois pouces d'ombre. M. E. Fromentin décrit admirablement
ces maisons aux rares ouvertures, bâties de
boue séchée, contre lesquelles s'adossent, pour
dormir, de pâles fantômes enveloppés de bournous d'un blanc sale, encadrant des visages
mats, sérieux, impassibles ; ces jardins séparés par des clôtures de terre d'où jaillissent
de sveltes palmiers, et que sillonnent en tous
sens des canaux d'irrigation. Il rend à merveille l'accablement de chaleur, le poudroie-

ment de lumière, le silence méridien de la sauvage cité : les figures ne sont pas moins bien traitées que les fonds. — Il faut lire, — regarder serait plutôt le mot propre, car ce sont de vraies peintures, — dans le volume même, les portraits du gardien des eaux, « sorte de Saturne armé d'une pioche en guise de faux, avec un sablier dans la main ; » d'Aouïmer, le joueur de flûte, à la grâce efféminée, à l'élégance endormie, qui s'enivre de sa propre cantilène ; du vieux chasseur d'autruches, d'Ahmet le voleur, du bon Mouloued, et tant d'autres physionomies esquissées avec un incroyable bonheur d'expression. — Les femmes à la fontaine sont un beau tableau de maître. Après avoir décrit la scène dans tout son mouvement et sa couleur, l'artiste dit, en parlant à l'ami auquel s'adresse sa relation : « Représente-toi maintenant sous cette couverture abondante en plis, mais légère, de grandes femmes aux formes viriles, avec des yeux cerclés de noir, le regard un peu louche, des cheveux nattés, qui se perdent dans le voile en flots obscurs, en encadrant

un visage mièvre, flétri, de couleur neutre,
et qui semble ne pouvoir ni s'animer ni pâlir
davantage ; des bras nus jusqu'à l'épaule, avec
des bracelets jusqu'au coude, cercles d'argent,
de corne ou de bois noir travaillé. Parfois le
haïck qui s'entr'ouvre laisse à nu tout un côté
du corps, la poitrine qu'elles portent en avant
et les reins fortement cambrés. Elles ont la
marche droite, le pas souple et faisant peu de
bruit ; quelque chose à la fois de gauche et
de magnifique dans les habitudes du corps
qui leur permet de prendre, accroupies, des
postures de singe, et, debout, des attitudes de
statues. »

Il y a aussi une ravissante description d'une
petite fille sauvagement jolie et coquettement
farouche, partagée entre le désir du bacchich
et l'effroi insurmontable que cause tout peintre aux Orientaux, — c'est une aquarelle que
De Camps ne réussirait pas mieux. Mais nous
n'en finirions jamais si nous voulions tout
dire.

M. E. Fromentin, après quelques semaines
de séjour à El-Aghouat, fait une excursion

dans le désert, muni de deux lettres de recommandation écrites de droite à gauche, l'une adressée au kaïd de Tadjemout et l'autre au kaïd d'Aïn-Mahdy.

Dans sa route, il rencontre une tribu déménageant, la tribu des Arba. Ce tableau de la vie du désert a, dans le livre de M. Eugène Fromentin, un éclat, une grandeur et une nouveauté incomparables. Les limites de notre article ne nous permettent malheureusement pas de le transcrire tout entier. La caravane apparaît au milieu d'une poussière d'or avec un bruit de cornemuses et de tambourins, faisant étinceler au soleil ses étendards jaunes, rouges et verts ; les blancs dromadaires balancent les femmes invisibles dans les *ataliches* d'étoffes bariolées ; les cavaliers font piaffer leurs grands chevaux ; les lévriers gambadent pétulamment autour du cortége ; puis défilent les chameaux de charge portant les tentes dont le pieu se dresse sur leur dos bossu comme un mât de navire ; les femmes courbées sous les enfants et les ustensiles de ménage, les nègres, les vieilles appuyées sur leur bâton blanc, les troupeaux soulevant des flots de poudre et se hâtant sous les coups des bergers et les morsures des chiens.

Détachons de la cavalcade le portrait du jeune chef arabe.

« Le jeune homme était habillé de blanc et montait un cheval tout noir, énorme d'encolure, à queue traînante, la tête à moitié cachée dans sa crinière ; il était fluet, assez blanc, très-pâle, et c'était étrange de voir une si robuste bête entre les mains d'un adolescent si délicat ; il avait l'air efféminé, rusé, impérieux et insolent ; il clignotait en nous regardant de loin, et ses yeux bordés d'antimoine, avec son teint sans couleur, lui donnaient encore plus de ressemblance avec une jolie fille. Il ne portait aucun insigne ; pas la moindre broderie sur ses vêtements ; et de toute sa personne, soigneusement enveloppée dans un bournous de fine laine, on ne voyait que l'extrémité de ses bottes sans éperons et la main qui tenait la bride, une petite main maigre ornée d'un gros diamant ; il arrivait renversé sur le dossier de sa selle en velours violet brodé d'argent, escorté de deux lévriers magnifiques, aux jarrets marqués de feu, qui bondissaient gaiement entre les jambes de son cheval. »

Cette description a la grâce barbare et la douceur nostalgique de certaines figures d'Arabes peintes par Th. Chasseriau, dont elles constatent la vérité.

En regardant défiler cette splendide tribu, M. E. Fromentin fait cette remarque de peintre : « Il y avait là de fort beaux chevaux, mais ce qui me frappa plus que leur beauté, ce fut la franchise inattendue de tant de couleurs étranges. Je retrouvai ces nuances bizarres si bien observées par les Arabes, si hardiment exprimées par les comparaisons de leurs poëtes. — Je reconnus ces chevaux noirs à reflets bleus, qu'ils comparent au pigeon dans l'ombre; ces chevaux couleur de roseau, ces chevaux écarlates comme le premier sang d'une blessure. Les blancs étaient couleur de neige, et les alezans couleur d'or fin. D'autres, d'un gris foncé sous le lustre de la sueur, devenaient exactement violets; d'autres encore, d'un gris très-clair et dont la peau se laissait voir à travers leur poil humide et rasé, se veinaient de tons humains et auraient pu audacieusement être appelés des chevaux roses. Tandisque cette cavalcade si magnifiquement colorée s'approchait de nous, je pensais à certains tableaux équestres devenus célèbres à cause du scandale qu'ils ont causé, et je compris la différence qu'il y a entre le langage des peintres et le vocabulaire des maquignons. »

Nous citons ce passage avec quelque orgueil, car nous avons défendu, comme parfaitement vrais, les chevaux gorge de pigeon et couleur de rose auxquels fait allusion M. Fromentin. Mais c'est que lui aussi, Eugène Delacroix, a vu la nature éclairée par le soleil d'Afrique.

Il faut pourtant nous arrêter, car nous transcririons tout le volume, et les lecteurs ne s'en plaindraient pas. Terminons par quelques lignes d'appréciation littéraire. Dans *Un Été au Sahara*, M. E. Fromentin a vaincu une immense difficulté. Il a peint l'infini dans le clair, décrit ce qui n'a pas de forme, et fait tout un livre de choses et d'effets que le langage n'avait jamais songé à rendre. Nous aimons chez lui ce superbe mépris de l'arbre et de la verdure que nous partageons absolument. Ceux qui n'ont pas vu l'Orient ne peuvent pas comprendre la beauté de la terre lorsqu'elle n'est pas souillée par la végétation. On ne saurait imaginer les tons d'or pâle, de lapis, d'améthyste, de perle, de nacre, de rose que prend notre globe lorsque le baiser du soleil fait frissonner sa peau nue. Rien n'est beau comme cet épiderme de planète baignée par l'éternel azur. On comprend alors que la terre est un astre gravitant dans l'éther, et non un tas de fumier à planter des choux, et l'on est fier d'être emporté vers l'infini par cette sphère magnifique. — Aussi notre idéal est-il celui de M. Fromentin — un ciel sans nuage sur le désert sans ombre ! Le désert ! — « c'est Dieu sans les hommes, » disait le compagnon de la panthère dans la nouvelle de Balzac.

ALGÉRIE

Ce n'est pas la peine de s'embarquer à Marseille, de traverser la Méditerranée, de débarquer à Stora et de faire vingt lieues dans les terres, sur une ancienne voie romaine, pour voir Constantine ; il s'agit tout bonnement d'aller passage Jouffroy, boulevard Montmartre ; c'est plus court, moins coûteux et tout aussi instructif.

Constantine est pour vous une vieille connaissance ; en 1845, nous y présentions une lettre de recommandation de Méry à M. Duclaux, chargé par le gouvernement d'exécuter le merveilleux plan que la mort l'a empêché de finir, et qui a été terminé avec un si fidèle bonheur par M. Abadie.

Un pareil guide était une bonne fortune pour un voyageur curieux comme nous, et nous usâmes avec toute l'indiscrétion possible de son inépuisable complaisance. Il connaissait la ville, non pas rue par rue, non pas maison par maison, mais pierre par pierre, pour l'avoir rebâtie tout entière en liége avec une exactitude à donner le vertige ; son travail ressemblait, pour la désespérante minutie, à ces prodigieuses besognes imposées par de méchantes fées, où il faut séparer grain à grain des boisseaux de millet et de chènevis brouillés ensemble. Il aurait pu vous dire : à tel endroit, il y a une tuile brisée, un chapiteau fruste, une plaque de crépi tombée. Constantine était pour lui comme Notre-Dame pour Quasimodo. Jamais assimilation ne fut plus complète.

Le soir, après avoir battu en tous sens les mille ruelles de la cité arabe, nous mangions le couscoussou, apprêté par les belles mains de son hôtesse kabyle, et Duclaux nous reconduisait à notre logement, que nous eussions été incapables de retrouver dans ce labyrinthe opaque, qui n'en était pas un pour lui.

Nous avons rapporté, pour souvenir de cette courte liaison formée vite et dénouée pour toujours, comme presque toutes les liaisons de voyage, une aquarelle représentant cette charmante femme dans son costume de fête : dalmatique mi-partie de damas vert et de damas rouge, grandes manches de gaze fendues et laissant voir un bras d'une correction parfaite ; large ceinture de velours ornée de plaques de métal et de boules de filigranes glissant sur la taille, et retenue par la rondeur des hanches comme un ceste antique. Ce costume oriental, où les modes du moyen âge semblaient conservées, et qui aurait pu figurer dans le cortége de la *Juive*, à l'Opéra, contrastait avec la coiffure d'une manière piquante. De dessous une bandelette chargée de broderie d'or, de paillettes et de clinquant de couleur, s'échappaient en spirales deux longues anglaises lustrées et brillantes comme celles qui accompagnent dans les keepsakes et les livres de beauté gravés à Londres, les têtes romanesques d'Evelina, de Rosalinde et d'Ellen ; — c'était un sacrifice au goût européen où la poésie, chose rare, n'avait rien à regretter.

Duclany, l'hôtesse kabyle, Constantine, le Rummel avec ses arches naturelles et sa cascade, commençaient à s'estomper au fond de notre cervelle, dans ce brouillard épais qui n'est pas encore l'oubli, mais où le rêve commence à combler les lacunes de la réalité, lorsque, l'autre jour, nous entrâmes inopinément au Casino des Arts : cinq ans et cinq cents lieues furent franchis en une seconde, et nous nous trouvâmes sur le plateau de Mansourah, ayant Constantine à nos pieds. L'illusion était complète.

Par hasard il faisait beau ; une lumière vive et crue tombant d'aplomb éclairait la Ronda africaine sur l'immense bloc de rocher qui lui sert de piédestal ; les toits de tuile désordonnés sur lesquels les cigognes font leur nid et laissent tomber les serpents qu'elles enlèvent, l'ancienne caserne des janissaires aux longues fenêtres ogivales, les vieilles citernes romaines, la mosquée dont la tour penche autant que celle de Pise, sans avoir sa célébrité, le minaret blanchi à la chaux, en dehors de la porte par laquelle entra l'armée française et que la toile d'Horace Vernet a rendu populaire, le palais à demi démantelé du bey se déroulaient sous les yeux avec une telle justesse de proportion et de couleur, que l'idée d'une ville en miniature disparaissait.

— Regardée avec une lorgnette, cette Constantine de bouchon n'offre aucune différence avec la Constantine de pierre.

Duclaux n'avait fait que la ville ; M. Abadie a merveilleusement complété son œuvre en reproduisant les terrains, les rochers, le gouffre du Rummel, tout ce qui constitue la position et la singularité de cette ville étrange, perchée sur un roc comme un nid de vautour, et que l'on ne peut aborder que par un isthme étroit.

Le Rummel, espèce de rivière-torrent, tantôt presque à sec, tantôt gonflé outre mesure

comme presque tous les cours d'eau d'Afrique, alimenté par les pluies d'équinoxe ou
les fontes de neige, s'est chargé de fortifier
la ville, et il y a réussi mieux que Vauban et
Cohorn. Ses infiltrations ont creusé dans le
rocher une coupure de huit cents pieds de
profondeur au fond de laquelle il roule ses
eaux troubles et impétueuses, tantôt à ciel
ouvert, tantôt sous des arches qu'il a évidées
et dont l'arc immense effraie l'œil par sa
hauteur. Après avoir embrassé presque circulairement la ville de son inexpugnable fossé
naturel, il change brusquement de niveau et
se précipite dans la plaine par une cascade
dont les nappes et les rejaillissements semblent avoir été copiés d'après une des plus
sauvages fantaisies de Salvator Rosa, tant le
site est âprement pittoresque et férocement
inculte.

Un pont qui, par son apparence, rappelle
plutôt l'aqueduc de Ségovie et le pont du
Gard que ce qu'on entend habituellement par
ce mot, plonge jusqu'au fond du gouffre par
trois superpositions d'arches extrêmement

allongées. Il a nom Elcantara, nom arabe gardé aussi par un des deux ponts de Tolède, sur le Tage. Les fondations en sont romaines, peut-être même carthaginoises ; un bas-relief représentant un éléphant qui parait adorer une figure de femme voilée, et qu'on discerne avec une forte lorgnette, y est enclavé ; le haut, refait plus modernement, a dû l'être, si l'on en croit le goût et la construction, par des ingénieurs espagnols appelés au service du Bey.

Ainsi donc, excepté du côté attaqué par le général Damrémont, la ville est entourée par un abîme à pic ; elle couronne une énorme muraille de rochers rougeâtres où le pied de la chèvre la plus hardie ne trouverait pas à mordre ; il est aisé d'imaginer quels accidents pittoresques une pareille situation peut produire, soit qu'on regarde Constantine d'en bas, soit que du haut de ses murs on plonge dans le gouffre, où tournent perpétuellement des vautours et des cigognes, ou qu'on domine ce grand horizon de montagnes mordorées et pulvérulentes de lumière qui s'étend à perte de vue.

Les anfractuosités, les stries, les effrite-
ments, les fissures, les rugosités, les mille
accidents de ces grandes masses, leurs colorations diverses, ont été rendus par M. Abadie
avec une conscience et un talent merveilleux.
Au moyen de morceaux de liége spongieux,
il a imité le grain de la roche pénétrée par
la pluie ; d'autres morceaux, crevassés et
noircis, ont reproduit le ton rembruni des lé-
zardes ; avec d'autres, plus sains et plus
blonds, il a su attraper aussi bien que Decamps ou Marilhat, cet aspect de pain grillé
que la pierre prend au soleil dans les pays
chauds. Toute cette ardeur est rafraîchie, çà
et là, par quelques touffes vert-glauque de
cactus étalant leurs palettes sur deux poignées
de terre végétale.

Aucun détail ne manque : — voici le rocher le long duquel sont descendues les
femmes du Bey, et la porte basse de la fontaine thermale romaine, la rigole qui côtoie
le Rummel et conduit l'eau au moulin, —
rigole que nous avons suivie pour pénétrer

jusqu'à la seconde voûte en passant par des chemins d'acrobate. Voilà la pierre sur laquelle nous nous sommes assis pour dessiner un point de vue, la maison où nous sommes allé voir la danse des djinns, peinte depuis par Adolphe Leleux qui visita Constantine, enflammé par nos récits ; les énormes fûts de colonnes romaines qui ne tiennent à rien et ne paraissent pas avoir fait jamais partie d'aucun édifice, échantillons grandioses d'un rêve avorté, enfin tout Constantine en quelques mètres carrés. Quelle que soit la remarque que vous ayez faite en parcourant cette ville bizarre, vous la retrouverez reproduite ici.

Ce plan est d'autant plus précieux, que Constantine comme Alger doit bientôt disparaître sous l'envahissement du goût français. A cette époque, elle était encore intacte, sauf un hideux hôpital militaire très-proprement et très-parfaitement bâti, que tout artiste voudrait voir au fond du Rummel, et qui, de ce côté, déshonore la silhouette orientale de la ville ; elle n'existera bientôt plus qu'à l'état

de souvenir. Heureusement, le peintre ou
l'archéologue la retrouveront tout entière
dans le miraculeux travail de MM. Duclaux
et Abadie.

AISSAOUAS

Nous sommes allé l'autre soir au Théâtre-International, enclavé dans le jardin de l'Exposition universelle, pour voir ce qu'on appelle *la Smala*, c'est-à-dire une troupe de musiciens, de danseuses et d'aïssaouas venant d'Alger. Ces représentations exotiques nous plaisent beaucoup, bien que souvent elles semblent ridicules au public; car, si le Français veut du nouveau, « n'en fût-il plus au monde », c'est à la condition que ce nouveau sera toujours la même chose. Le mot de Montesquieu : « Peut-on bien être Persan? » est toujours vrai, et pourtant la facilité des voyages, le nombre des étrangers qui affluent à Paris, devraient commencer à faire comprendre que l'univers ne finit pas à la banlieue.

Quand la toile se lève, on aperçoit une sorte de décor oriental avec palmiers, bananiers, kiosques, portières rayées en travers, auquel nous eussions préféré une de ces cours ou *patios* arabes, avec leurs colonnettes de marbre, leurs arcades en cœur, et leurs deux étages de galeries semblables à des cloîtres dont les chambres d'habitation seraient les cellules, ayant pour plafond le ciel nocturne sur lequel se détachent comme de blancs spectres ou de pâles statues les femmes voilées debout au rebord des terrasses. C'est là qu'ont lieu les *m'bitas*, les conjurations de djinns et les séances d'aïssaouas. Les musiciens sont accroupis au fond de la cour. Les spectateurs se rangent sur les trois autres côtés. Les danseuses occupent le milieu du patio, et àt erre sont posées, pour les éclairer, des veilleuses nageant dans l'huile, qui représentent à peu près la rampe de nos théâtres. Cette disposition est fort pittoresque, et l'on aurait dû la reproduire, puisqu'on voulait faire de la couleur locale. Tel qu'il est, le spectacle garde une assez haute saveur africaine et vaut la peine qu'on l'aille voir.

Le premier intermède de danse était accompagné de trois grosses caisses et de trois hautbois jouant en mode mineur une cantilène d'une mélancolie nostalgique, soutenue par un de ces rhythmes implacables qui finissent par s'emparer de vous et vous donner le vertige. On dirait une âme plaintive que la fatalité force à marcher d'un pas toujours égal vers une fin inconnue, mais qu'on pressent douloureuse. Bientôt une danseuse se leva de cet air accablé qu'ont les danseuses orientales, comme une morte qu'éveillerait une incantation magique, et par d'imperceptibles déplacements de pieds s'approcha de l'avant-scène ; une de ses compagnes se joignit à elle, et elles commencèrent, en s'animant peu à peu sous la pression de la mesure, ces torsions de hanches, ces ondulations de torse, ces balancements de bras agitant des mouchoirs de soie rayés d'or et cette pantomime langoureusement voluptueuse qui forment le fond de la danse des almées. Lever la jambe pour une pirouette ou un jetébattu serait, aux yeux de ces danseuses, le comble de l'indécence. A la fin, toute la troupe se mit de la partie, et nous remarquâmes parmi les autres une danseuse d'une beauté farouche et barbare, vêtue de haïks blancs et coiffée d'une sorte de chachia cerclée de cordelettes. Ses sourcils noirs rejoints avec du surmeh à la racine du nez, sa bouche rouge comme un piment au milieu de sa face pâle, lui donnaient une physionomie à la fois terrible et charmante; mais l'attraction principale de la soirée était la séance des aïssaouas ou disciples d'Aïssa, à qui leur maître a légué le singulier privilége de dévorer impunément tout ce qu'on leur présente.

Nous les avions vus autrefois dans un douair aux environs de Blidah, et ce sabbat nocturne nous a laissé des souvenirs encore tout frissonnants. Les aïssaouas de l'Exposition universelle, après s'être excités par la musique, la vapeur des parfums et ce balancement de bête fauve qui agite comme une crinière leur immense chevelure, ont mordu des feuilles de cactus, mâché des charbons ardents, léché des pelles rouges, avalé du verre pilé qu'on entendait craquer sous leurs mâchoires, se sont traversé la langue et les joues avec des lardoires, on fait sauter leurs yeux hors des paupières, ont marché sur le fil d'un yatagan en acier de Damas; un d'eux, cerclé dans le nœud coulant d'une corde tirée par sept ou huit hommes, semblait coupé en deux; ce qui ne les a pas empêchés, leurs exercices achevés, de venir nous saluer dans notre loge à la manière orientale et de recevoir leur bacchich. Des affreuses tortures auxquelles ils venaient de se soumettre, il ne restait aucune marque. Qu'un plus savant que nous explique le prodige, nous y renonçons pour notre part.

FIN.

TABLE DES MATIÈRES

FIN DE LA TABLE.

2449 77. —Corbeil, Typ. et ster. de Crété.